EDUCAÇÃO PÓS-FILOSOFIA DA HISTÓRIA

RACIONALIDADE E EMANCIPAÇÃO

Conselho Editorial de Educação:
José Cerchi Fusari
Marcos Antonio Lorieri
Marcos Cezar de Freitas
Marli André
Pedro Goergen
Terezinha Azerêdo Rios
Valdemar Sguissardi
Vitor Henrique Paro

Dados Internacionais de Catalogação na Publicação (CIP)
(Câmara Brasileira do Livro, SP, Brasil)

R. Sgró, Margarita
　　Educação pós-filosofia da história : racionalidade e emancipação / Margarita R. Sgró. — São Paulo : Cortez, 2007.

　　Bibliografia.
　　ISBN 978-85-249-1285-6

　　1. Educação - Filosofia 2. Educação - História 3. História - Filosofia 4. Pedagogia crítica I. Título.

07-3060   CDD-370.9

Índices para catálogo sistemático:
1. Educação : História   370.9

MARGARITA R. SGRÓ

EDUCAÇÃO PÓS-FILOSOFIA DA HISTÓRIA
RACIONALIDADE E EMANCIPAÇÃO

CORTEZ EDITORA

EDUCAÇÃO PÓS-FILOSOFIA DA HISTÓRIA: Racionalidade e emancipação
Margarita R. Sgró

Capa: Estúdio Graal
Preparação de originais: Carnem T. S. da Costa e Jaci Dantas
Revisão: Maria de Lourdes de Almeida
Composição: Dany Editora Ltda.
Coordenação editorial: Danilo A. Q. Morales

Nenhuma parte desta obra pode ser reproduzida ou duplicada sem autorização expressa da autora e do editor.

© 2007 by Autora

Direitos para esta edição
CORTEZ EDITORA
Rua Bartira, 317 — Perdizes
05009-000 — São Paulo-SP
Tel.: (11) 3864-0111   Fax: (11) 3864-4290
E-mail: cortez@cortezeditora.com.br
www.cortezeditora.com.br

Impresso no Brasil — junho de 2007

À minha mãe
À memória de meu pai
À memória da tia Cata
À Silvia e Javier

Agradecimentos

Este texto foi apresentado como tese de doutoramento junto ao programa de Pós-Graduação da Faculdade de Educação da Universidade Estadual de Campinas (SP), em agosto de 2004. Nele estão incorporadas algumas sugestões feitas pela banca examinadora e outras surgidas da releitura feita com a perspectiva da publicação. Quero expressar meu agradecimento a todos aqueles que contribuíram na elaboração desta obra, em especial:

Ao prof. dr. Pedro Goergen por sua amizade, pela dedicação e pela qualidade pedagógica com que foi relativizando algumas das minhas apressadas certezas teóricas. Aos colegas e amigos do Grupo de Estudo em Filosofia, Modernidade e Educação (Gefime) Anunciação, pela presença apesar da distância, a Larissa, Armindo, Beto, Vanderlei, Nelson e Rogério com os quais partilhei, e espero continuar compartilhando, formação acadêmica e discussão teórica. À banca examinadora composta pelos professores Nadja Hermann, Claudio Dalbosco, Silvio Gallo e Flávio Siebeneichler, pela leitura crítica e as sugestões estimulantes. Aos meus incondicionais amigos, desta minha etapa campineira, Irene, Sandra, Gabriel, Jorge, Tomás, Diego e Lucas, e aos meninos Yuri e Natasha pelo carinho e cuidado permanentes. Aos amigos que ficaram em Tandil-Argentina, eles sabem. À Universidade Nacional do Centro e à Faculdade de Ciências Humanas em Tandil-Buenos Aires-Argentina, à Faculdade de Educação da Unicamp, pela oportunidade.

E a todos os que, de uma forma ou de outra, acompanharam este processo.

Sumário

Prefácio 11

Introdução 21

Capítulo I — Modernidade e educação: autonomia, emancipação
e formação moral 33
    1. A razão crítica: crise e utopia 33
    2. Modernidade e filosofia da história 41
    3. Kant: da salvação à emancipação 49
    4. Algumas outras considerações sobre educação 64

Capítulo II — Horkheimer e Adorno: razão, crítica e
emancipação 68
    1. Justificativa 68
    2. A razão questionada 69
    3. Um projeto ainda emancipatório 73
    4. A crítica como exercício da denúncia 84
    5. Adorno: educação para a emancipação 92

Capítulo III — Habermas: a recuperação da dimensão
emancipatória da razão 97
    1. Ação comunicativa e Teoria Crítica da Educação 97
    2. Modernidade, aporias e uma nova leitura 102

3. Weber e Piaget: aportes para a substituição da filosofia da história 108
4. Ação comunicativa e racionalização do mundo da vida 115
5. Reprodução do mundo da vida e Teoria Crítica da Educação 122

Conclusão 129

Bibliografia 133

Prefácio

Os modelos de razão, de política, de moral e de sociedade que foram desenvolvidos na Europa, principalmente a partir do século XVIII, anunciavam um mundo totalmente novo que deveria superar tudo que o era antigo. Aproveitando o enorme e revolucionário patrimônio de idéias dos séculos anteriores que já continham os germes de uma nova imagem de homem, de sociedade e de mundo, firmava-se a idéia de que o homem deveria assumir as rédeas do seu destino e responsabilizar-se por seu próprio futuro. Com base nessa convicção, desenvolveu-se uma filosofia da história, segundo a qual a Europa teria condições de liderar um processo mundial de inovação capaz de realizar a utopia de uma sociedade mais humana e justa. Os poderes e divindades tradicionais que só prometiam felicidade para a vida futura perdiam crédito na medida em que o olhar dos homens se voltava, mais e mais, do céu para a terra.

Durante o século XVII, duas grandes potestades ainda dominavam o cenário histórico: a Igreja, que, com remodeladas estratégias, garantia seu domínio no âmbito da consciência das pessoas, e o Estado absolutista, que se apresentava como a solução para as intermitentes e desgastantes guerras religiosas. Igreja e Estado, ora juntos ora separados, tomavam conta, respectivamente, da vida interior e da vida política. Moral e política trilhavam, portanto, caminhos separados. A Igreja se encarregava da paz interior da consciência enquanto o monarca absoluto, também representante de Deus na terra, agia como garantidor da paz social.

Estes dois poderes entraram em crise sob a desconfiança e crítica das idéias iluministas que circulavam nos salões de leitura, nos cafés e nos ambientes fechados da maçonaria. Os vínculos religiosos que habitavam o interior da consciência foram sendo enfraquecidos pelo processo de laiscização na medida em que o conceito religioso de consciência era substituído pelo conceito laico de opinião. Desfeitos os abrigos religiosos pelo processo de desencantamento, o homem, ameaçado pelas constantes guerras religiosas, buscou refúgio no Estado. Nascia, assim, uma nova lei moral abrigada na razão política, lugar para onde todos os homens transferiam os seus direitos.

Mas também o Estado, na medida em que seus tentáculos absolutistas passaram a estrangular os interesses da emergente burguesia, começou a ser alvo de ressentimentos e críticas. Era uma crítica velada, dissimulada e, inicialmente, sem interferência política, mas que foi gestando uma nova filosofia da história que, apesar de suas marcas ainda teológicas, substituía, aos poucos, a fé na providência divina pela esperança na providência racional. Foi no âmbito da consciência subjetiva que o homem do século XVIII encontrou abrigo seguro para resistir à dominação moral e política e elaborar um ambicioso projeto crítico-libertário que, com base em novos conceitos histórico-filosóficos, haveria de permitir a fundação de uma nova sociedade, livre e autônoma. Desenhava-se um novo modelo de salvação, de realização individual e social, avalizado não mais pelo poder divino, mas pelo poder da razão. Essa passagem da teodicéia teológica para a "teodicéia" racional encontra sua formulação teórica no pensamento de Leibniz. A universalidade das teorias morais iluministas desfaz a diferença entre interior e exterior, entre o homem e o cidadão e entre os diferentes Estados. Assim se explica a famosa passagem de Hobbes segundo a qual o homem se torna o Deus do homem. O próprio Kant acreditava piamente que o uso correto da razão haveria de assegurar um futuro melhor para o indivíduo e para a sociedade.

O ideal do progresso racionalmente planejado, articulado em sigilo pelas sociedades secretas ou disfarçado sob as roupagens do discurso filosófico dos iluministas, aos poucos foi assumindo sua dimensão política na medida em que se aproximava dos interesses da emergente classe burguesa que, embora abastada, se sentia reprimida e espoliada pelo excesso de impostos cobrados por um Estado usurpador, autoritário e corrupto que lhe negava qualquer participação política. Grupos de intelectuais, filósofos, literatos, artistas e também maçônicos que cultivavam o segredo em nome da moral, desenvolveram, quase secretamente, uma filosofia da história legitimadora do projeto político da burguesia. Nascia assim um novo modelo social regido pelos princípios da liberdade, igualdade e fraternidade, em nome dos quais foi feita a Revolução que, encerrando o período feudal, decretou o fim dos privilégios da nobreza e do clero, inaugurou a modernidade com a declaração dos direitos do homem e do cidadão e instaurou a liberdade religiosa.

A primeira grande vítima da Revolução foi o Estado absolutista que alcançara seu pleno desenvolvimento durante o século XVII e que, embora ineficiente e corrupto, havia convivido com o iluminismo até aquele momento. Foi a crítica inerente ao iluminismo com sua filosofia utópica da história que gerou a crise e desencadeou a Revolução. As mudanças políticas, tanto inesperadas quanto, a seguir, virulentas e avassaladoras, foram conseqüência de uma grande idéia que transformou a história em processo, sendo a burguesia o agente consciente e estimulador dessa transformação. Durante e após os acontecimentos revolucionários, todas as instâncias, desde o direito até a política, a estética, e inclusive a própria razão, foram chamadas a prestar contas ante o novo projeto burguês cuja crítica submeteu todas ao seu ideal de filosofia da história. Era uma visão utópica que representava uma versão secularizada do modelo religioso de escatologia, liderado por uma elite moralmente justa, com o compromisso de agir não segundo os desígnios divinos como no passado, mas em conformidade com os desígnios da razão. O que era bom ou mau seria, de ora em diante, decidido ante o tribunal da consciência autônoma, e o que era certo ou errado ante o tribunal da razão. Papel preponderante caberia à razão que, por sua já comprovada capacidade científica, fazia crer que a história, em particular na sua dimensão política, é planejável e exeqüível segundo os princípios racionais.

Uma das mais importantes estratégias para a realização do ambicioso programa político-revolucionário de 1789 dizia respeito à educação e particularmente à educação popular. Assim como as transformações políticas, as mudanças no campo da educação também haviam iniciado há décadas. A interdição dos colégios jesuítas trinta anos antes da Revolução e a transferência de sua gestão para a autoridade civil estavam em perfeita sintonia com a nova imagem de homem, de mundo e de sociedade que se articulava em segredo. Sob a influência do pensamento de Rousseau fortalecia-se a idéia de que o ensino deveria ser retirado das mãos da Igreja e tornar-se uma atividade exclusivamente secular. Debatia-se, ainda, se as luzes deveriam ser para a população toda ou ficar restritas à aristocracia. Voltaire, elitista como era, defendia o ponto de vista da aristocracia. Alguns membros do clero concordavam com esse ponto de vista, argumentando que a educação para todos não tornaria a população nem mais virtuosa, nem mais cristã. Mas circulava também a idéia de que todos deveriam aprender a ler e a escrever para terem acesso à Bíblia.

Depois da Revolução prevaleceu a tese da educação popular e os debates voltaram-se para as questões metodológicas: como educar o homem novo produzido pela Revolução? Havia os que preferiam uma educação mais rigorosa, espartana, realizada em internatos. Outros, como Condorcet, se diziam favoráveis a uma educação livre, laica, pública, gratuita e universal. Os conteúdos deveriam estar voltados para as ciências exatas, permitindo o acesso de todos ao emergente mundo das máquinas e da tecnologia. A educação livre e igual para todos contribuiria para regenerar os indivíduos e formar o cidadão novo com espírito crítico e empreendedor para a construção do futuro. A idéia de Condorcet era libertar o povo pela educação.

Assim, a educação foi se constituindo numa das estratégias fundamentais para transformar o tradicional e incondicional plano divino de salvação no plano racional do progresso. Apesar das diferenças, o novo projeto preservava indisfarçáveis semelhanças com o anterior plano da salvação divina que agora era racionalizado e reescrito nos moldes da história racional. A filosofia da história subjacente a todo esse processo é a filosofia do progresso passível de ser planejado e executado racionalmente. Um dos elementos importantes que essa nova filosofia da história herda da tradição anterior é o caráter de necessidade com que também se reveste o novo plano. Se antes era a divindade que garantia o curso da história, agora seria a razão que, ordenada para a verdade, asseguraria um avançar constante e seguro em direção à utopia do mundo melhor. Embora a formulação kantiana já restringisse o sucesso ao uso correto da razão, o entusiasmo iluminista não deu ouvidos ao filósofo.

Sabemos que a história desmentiu tamanho encanto. De Nietzsche aos pós-modernos, a crítica filosófica nos alerta que filosofia do progresso só poderia ser levada a bom termo se conduzida por espíritos atentos em relação aos possíveis maus usos e desvios da razão. Certamente, na efervescência do grande momento iluminista, não se poderia imaginar que um dia a razão pudesse incorrer em desvios tão absurdos quanto os que deram origem aos desastres históricos como as guerras, os holocaustos, a fome e a miséria que vitimaram e continuam vitimando milhões de pessoas. Nem se poderia imaginar que a razão um dia viesse a ser instrumentalizada e posta a serviço das exigências de um pragmatismo utilitarista e sistêmico, articulado aos setores dominantes da sociedade contrários aos interesses da grande maioria da população.

Essa realidade frustrou as esperanças modernas e jogou a razão, designada condutora do processo moderno de redenção, no fogo cruzado da crítica que iniciou já no século XIX com Nietzsche e continuou no século XX com Heidegger, Horkheimer e Adorno e foi, mais recentemente, radicalizada por Lyotard e os chamados pós-modernos. Esse amplo movimento crítico, apesar de suas divergências internas, colocou sob suspeita a filosofia da história que dava como segura a redenção do homem e da sociedade de seus sofrimentos. Mais recentemente, com o declínio dos grandes projetos socialistas, chega-se mesmo a falar de fim da história. Esse cenário de desolação teórica e de paralisia prática afetou e continua afetando os mais diferentes âmbitos da vida social, gerando um ambiente de desânimo e resignação ante a falta de alternativas para um sistema social profundamente perverso e injusto. Também a educação contaminou-se por este estado de espírito do homem contemporâneo que aparentemente desistiu da construção de um projeto para si mesmo e para a sociedade e se entregou por inteiro aos cuidados da sobrevivência num sistema que se aceita como dado. Nesse contexto, a teoria educacional tornou-se circular e sistêmica, desistindo daquela função que lhe fôra outorgada desde o início da modernidade de educadora do homem novo e instauradora do novo projeto social.

O livro de Margarita Sgró, que tenho o prazer de apresentar ao leitor, deve ser entendido como a tentativa de reverter essa tendência de pessimismo e acomodação da educação contemporânea. Trata-se de recuperar a confiança nas possibilidades crítico-propositivas de uma teoria educacional capaz de propor objetivos e orientação para a prática pedagógica. É nesse sentido que assume importância a educação crítica: ela pode despertar nas pessoas a consciência de uma realidade desumana e injusta e, com isso, gerar uma crise capaz de contribuir para pensar, a partir da realidade contemporânea transformada, novos projetos de futuro. Caberia à educação formal um papel similar ao da república das letras ao tempo do Iluminismo. Mesmo não tendo influência política direta, a república das letras foi responsável pela criação de uma nova consciência que tornou inevitáveis as mudanças políticas levadas a termo pela Revolução burguesa. De igual maneira, a educação crítica pode desestabilizar os alicerces sobre os quais se apóia o sistema social hoje vigente, resgatando a confiança nas possibilidades de superação dos problemas atuais mediante instauração de um projeto baseado num novo modelo de racionalidade.

A razão todo-poderosa foi destituída de seu imponente pedestal pelos efeitos negativos de seu subjetivismo intransigente e arrogante que se julgava capaz de reger os destinos do homem e do mundo apenas com base na força de sua lógica inexorável. A crítica, por mais radical que tenha sido, não conseguiu, como queriam alguns, liquidar por completo o potencial da razão de contribuir para a formação de um homem e de uma sociedade melhores, ainda que para isso seja necessário um permanente e rigoroso balizamento crítico. Não se trata, evidentemente, de subestimar o cenário de crise em que mergulhou a razão moderna. Por crise entende-se um estado de insegurança e incerteza que aflige todos os homens e evoca a questão do futuro. Parece ser esta uma das marcas do nosso tempo: insegurança e incerteza com relação ao nosso sistema político e jurídico, epistêmico e ético, com relação às identidades individuais e coletivas. Essa crise reflete-se com especial intensidade sobre a educação escolar que se propõe conduzir crianças, jovens e adultos sem saber bem para onde os está levando. A passagem da ignorância ao conhecimento, da não-consciência à consciência, da não-responsabilidade à responsabilidade, da não-tolerância à tolerância revela-se problemática em função do ponto de chegada que não sabemos qual será ou deveria ser. A crise consiste precisamente nisso: a insatisfação com o lugar e a situação onde nos encontramos e a incerteza com relação ao lugar para onde desejamos ir. Se não estamos satisfeitos com o que somos, quem nos dirá o que devemos ser? Para essa situação de crise, há talvez quatro alternativas: a) negar a existência da crise, tentando mostrar a natureza ideológica desse conceito que estaria sendo engendrado com o objetivo de desviar a atenção das pessoas da necessária transformação social; b) reconhecer a crise gerada pelo individualismo, hedonismo, materialismo etc. e propor a recuperação dos valores do passado que um dia davam tranqüilidade e segurança às pessoas; c) aceitar pragmaticamente a crise como uma nova condição do homem contemporâneo cujos passos não se orientam por nenhuma filosofia da história; d) reconhecer a situação de crise (instabilidades, incertezas, inseguranças) gerada pelas turbulências (econômicas, políticas, científico-técnicas e éticas) da racionalidade moderna, mas buscar novos caminhos mediados por um processo comunicativo. Esta última é a posição assumida por Habermas na sua Teoria da Ação Comunicativa e que a autora do presente livro tenta aproveitar para a reconstrução de uma teoria educacional ao mesmo tempo crítica com relação ao presente e propositiva em termos de futuro.

Os tantos indicadores que testemunham a real existência de uma insistente crise que afeta a racionalidade moderna, e que repercute fortemente na educação, não inviabilizam a possibilidade do surgimento de uma nova consciência. Já não se trata de anunciar o progresso como um processo necessário, mas de construí-lo em seus conteúdos e procedimentos. Não há mais uma ficção utópica como aquela estabelecida pela razão moderna, escrita e cristalizada nos ideais da Revolução Francesa, mas uma utopia historicamente possível, que deve ser permanentemente reconstruída e legitimada no interior das condições históricas pela razão comunicativa. Trata-se de uma certa *volonté générale*, ou seja, de uma vontade geral que estabelece para si mesma as formas mais adequadas de convivência humana. Já Rousseau sabia que nem a soma das vontades individuais produziria uma vontade geral e nem a soma dos interesses individuais geraria um interesse geral. Ciente disso, Habermas busca o caminho do diálogo, da autoridade do melhor argumento como fundamento epistemológico/ético de novos parâmetros de convivência no futuro. Esta postura teórica gera novas expectativas no campo da política, da ética e da educação que devem ser legitimadas no foro de uma razão intersubjetiva que busca consensos em torno de objetivos e estratégias aceitáveis por todos.

A filosofia de Habermas é a busca de possibilidades para a construção de uma nova identidade; uma identidade que já não se ancora nos arcanos pétreos da subjetividade irradiadora de todas as determinações epistêmicas, morais etc., mas de uma intersubjetividade baseada nas condições históricas e humanas com todas as incertezas, provisoriedades e condicionamentos de uma permanente construção da identidade. Nessa perspectiva, a noção de crise distancia-se da de anarquia como estado permanente de insegurança; ela se define do ponto de vista de sua administração como processo crítico. A crise, então, não é um momento transitório cuja superação estaria inscrita nos desígnios da idéia de progresso que, por obra da razão, conduziria a um porto seguro, nem é, de outro lado, um estado permanente de confronto entre racionalidades fragmentadas que se ignoram ou se confrontam como numa imensa babel na qual não há convergência possível, mas o caminho dialógico do entendimento argumentativo orientado ao consenso capaz de ordenar a vida de cada um e a convivência de todos.

Se no espírito do Iluminismo o cidadão pode abandonar a política e consagrar-se ao desenvolvimento da ciência e tecnologia confiante que elas garantiriam a realização da utopia moderna, agora, depois das críticas feitas à razão e da instalação da crise, ele precisa assumir sua condição de cidadão político, responsável pela construção e realização da utopia. A utopia moderna do progresso foi a resposta ao insuportável autoritarismo eclesiástico e estatal; a nova utopia, dialogicamente construída, deve ser a resposta ao estado de desesperança e resignação gerada pela frustração com os descaminhos da razão moderna que ficou devendo suas promessas. A concepção da racionalidade comunicativa é o desenho de um novo caminho político e moral na direção da realização do ser humano individual e coletivo.

Hoje, como observa a autora no seu livro, os fins da educação deixam de ser evidentes como deixou de ser evidente a legitimidade da própria educação. Isso se define como a crise dos fundamentos da educação. É surpreendente que, exatamente nesse momento, a teoria educacional tenda a abandonar o debate dos fundamentos, concentrando seus esforços nos aspectos instrumentais e técnicos. Os fundamentos têm a ver com os princípios e objetivos filosófico-antropológicos, políticos e éticos, enquanto os procedimentos instrumentais se voltam para a eficiência. Com isso, a teoria educacional tende a perder sua autonomia epistêmica e ética, delegando tal função aos mais obscuros interesses sistêmicos, hoje predominantemente mercadológicos, e se retrai para o campo instrumental da prestação de serviço. A situação se afigura ainda mais grave quando nos damos conta do enorme potencial da educação informal, em particular a mediática, que age em nome de poderes obscuros sem compromisso com princípios e objetivos humanistas.

Ciente desses problemas e empenhada em encontrar novos caminhos para uma educação humanista comprometida com o futuro do homem, da sociedade e do meio, a autora examina o surgimento da filosofia da história e, em seu bojo, o projeto de educação que lhe é inerente com seus objetivos, conteúdos e metodologias, adequados aos ideais modernos. No contexto da superação do dualismo moral e político, característico dos séculos XVII e XVIII, e de sua convergência no Iluminismo, o projeto educacional assumiu as características ético-políticas de um projeto educacional emancipador dos tempos da Revolução.

Da mesma maneira que o projeto moderno exigiu um novo modelo de educação, as condições transformadas de hoje também exigem a elaboração de uma nova teoria educacional. Na medida em que a subjetividade autônoma e a filosofia da história emergentes do Iluminismo entram em crise, arrastam consigo a educação para o terreno de areias movediças da desestabilização de seus fundamentos. Desfaz-se a relação quase natural entre subjetividade, razão e educação. Nesse contexto, devem ser recolocadas as perguntas fundantes a respeito da necessidade, das condições de possibilidade e dos sentidos da educação. Embora a educação necessite ser repensada e refundada sobre novas bases epistemológicas, éticas e estéticas, parece apressada a tese de que a educação formal já está ultrapassada. Não há dúvida de que a chamada educação informal, em particular aquela veiculada pelos meios eletrônicos como a televisão e a internet, assumem extraordinária importância, mas, não obstante isso, não há nenhum indicativo de que a educação formal, sistemática e rigorosamente planejada, encarregada de preservar e transmitir os saberes acumulados e os valores culturais, esteja superada. Educação formal e informal são atividades com interesses, objetivos, tempos, sentidos e responsabilidades distintos.

Os pressupostos da educação moderna como a concepção de homem e de mundo, o modelo epistêmico e ético, abalam-se com a desestabilização do poder emancipatório da razão moderna, gerando a necessidade de se repensar a educação. Nesse momento de racionalidade desencantada, a análise, a teoria e a prática educacionais entram em crise de identidade, assumindo traços negativos de resignação e de descrença nas suas possibilidades. As críticas ao projeto iluminista atingem também a legitimidade da proposta pedagógica que o acompanha, gerando um ambiente de resignação, pessimismo e desconfiança com relação ao potencial emancipador da educação.

Sgró retoma as críticas formuladas por Horkheimer e Adorno a respeito dos descaminhos da razão moderna que teria abandonado sua trajetória de progresso e emancipação para se tornar sistêmica e instrumental e argumenta que a exagerada radicalidade de suas teses relativiza o poder de autocrítica da razão e, em conseqüência, a possibilidade de recuperação da dialética entre crítica, crise e utopia. Do ponto de vista da autora, ainda existem caminhos possíveis para a reconstrução de uma teoria da educação racionalmente legitimada e competente para o desenho de objetivos e de práticas pedagógicas emancipadores. Para fundamentar seu ponto de vista, a autora apóia-se na teoria da ação comunicativa de Habermas, que lhe fornece sustentação teórico-filosófica para a recuperação da dimensão emancipadora da razão mediante um novo modelo de racionalidade que, ultrapassando os limites da crítica apenas denuncista e negativa, reabilita o sentido positivo da dialética entre crítica e utopia.

Trata-se de uma proposta corajosa na medida em que sugere um modelo de teoria educacional o qual, sem deixar de ser crítico, deve assumir sua responsabilidade propositiva com relação à formulação de objetivos e procedimentos de uma educação emancipadora para os dias de hoje. Neste sentido, encontra-se subjacente ao texto de Sgró uma crítica velada às teses pós-modernas que demonizam a razão e a culpam por todos os males que afligem o homem contemporâneo. Sua intenção é recuperar a esperança com base numa visão dialógica da história e na legitimidade de uma teoria da educação crítico-propositiva que reabilita a confiança no entendimento intersubjetivo como fundamento de uma nova teoria educacional crítica que, a um tempo, resista aos desvios inumanos da razão e fomente propostas concretas e positivas para uma educação melhor e mais favorável ao homem e à sociedade.

Pedro Goergen

Introdução

O presente trabalho se propõe a refletir sobre as condições de possibilidade de uma Teoria Crítica da Educação situada no contexto da discussão contemporânea sobre a Modernidade.

Os problemas que enfrenta a educação contemporânea são múltiplos e variados e podem ser analisados de várias perspectivas diferentes, porém uma questão parece ocupar um primeiro plano: os objetivos que davam sentido à tarefa de educar, deliberada e sistematicamente, deixaram de ser evidentes por si. Faz-se necessário, agora, que sejam revisados à luz dos acontecimentos e das interpretações do tempo presente, e, por isso, precisam de uma nova discussão que os confirme, suplante por outros ou reconheça sua impossibilidade.

Quando os objetivos e os fins da educação deixaram de ser evidentes por si, também deixou de ser evidente a legitimidade da educação, tema que, de fato, é posto em debate por diferentes correntes do pensamento contemporâneo, entre outras a "Teoria Crítica da Sociedade", que através de Theodor Adorno expressa o problema formulando novamente a pergunta: *Para que educar?*.[1] A crise atinge os fundamentos da educação, isto é, as causas pelas quais historicamente as sociedades estabeleceram uma forma de transmissão dos costumes, saberes e experiências com vistas à sua própria reprodução e evolução. Parece que só uma análise que volte a colocar essas questões fundantes poderia afastar a Teoria da Educação dos limites que nos impõem pensar técnica ou instrumentalmente a ação educacional.

---

1. Cf. Adorno, T. *Educación para la emancipación*. Madrid: Ediciones Morata, 1998a, pp. 93-105.

Contudo, a crise da educação e da pedagogia contemporânea parece não ter sua origem em problemas restritos ao âmbito pedagógico ou pedagógico-político, técnico-didático ou administrativo e organizacional, mas sim na crise dos fundamentos do projeto moderno iluminista, sob o qual se desenvolvera.

Dessa maneira, poderíamos colocar uma primeira aproximação ao problema, dizendo que é a crise da filosofia da história moderna que levaria à crise de legitimidade da educação.

O problema é complexo, pois compreende uma reflexão sobre os conceitos de "progresso", "história", "subjetividade", "natureza" e "natureza humana", "liberdade" e "razão", entre outros.

Daí que refletir sobre as condições de possibilidade da Teoria Crítica da Educação nos leva, por um lado, a examinar o horizonte de questões teóricas que caracterizaram o surgimento da Modernidade, e nela sua filosofia da história, como contexto da pedagogia moderna, e, por outro lado, a analisar o leque de questões teóricas que caracterizam a contemporaneidade e, portanto, possibilitariam a reconstrução de um discurso pedagógico crítico-emancipatório.

Por suas próprias características de época, a Modernidade levou a problemática educacional a um desenvolvimento novo e distinto, se o analisarmos em relação a épocas anteriores e às sociedades tradicionais. Ela soube elaborar o problema educacional como parte de um projeto social e político emancipatório e colocá-lo no centro de uma reflexão moral, na qual ele adquiriu toda a sua dimensão. A relação educação-emancipação proporcionava legitimidade à ação educacional sistematicamente planejada.

> A maior inovação introduzida pelo Iluminismo acerca do poder emancipador e utópico da educação foi a da sua fundamentação na capacidade intelectiva do ser humano. Se, até então, a humanidade havia acreditado no poder utópico da educação, jamais, porém, ela havia fundamentado essa crença no poder criativo e crítico da razão. (Mülh, 2003: 223)

Com efeito, de Kant a Habermas, a história do pensamento ocidental registra uma evolução inquietante. Descartes, Kant, Hume são, entre outros, os artífices de uma nova percepção do mundo em que a racionalidade e a subjetividade "constituiriam" (nunca dito com mais propriedade) uma nova época histórica esperançosa e voltada ao futuro, crítica e utópica ao mesmo tempo.

Um projeto emancipatório, assentado sobre a idéia progressista da filosofia da história e sobre a subjetividade autônoma, forneceu o contexto para o surgimento da Teoria da Educação moderna. Nesse projeto, a "necessidade" da educação e sua "legitimidade", assim como o papel constituinte que cumpria, eximiram o discurso social e o educacional de outras justificativas. A primeira parte deste trabalho procura pensar sobre a relação quase natural, própria da Modernidade, entre racionalidade, subjetividade e educação. Essa singular amálgama configura o projeto emancipatório do Iluminismo e possibilita o desenvolvimento da Teoria da Educação em torno de conceitos como *autonomia, emancipação* e *formação do homem*, que abrange duas dimensões: uma eminentemente teórica e outra prática.

A dimensão teórica se ocupa de refletir sobre as "possibilidades", sobre a "necessidade" e a "legitimidade" da educação, sendo capaz de formular perguntas fundamentais como *Para que educar? É necessário educar? É possível fazê-lo?* — as quais, pouco a pouco, vão perfilando um novo saber: a pedagogia. As respostas, todas elas afirmativas, deram lugar a variadas concepções sobre educação.

Nesse sentido, os filósofos não só asseveram que é "possível", mas também que é "necessário" educar. As características da natureza humana, a evolução complexa e crescente das sociedades e a coincidência, ao final das contas, entre os conflituosos interesses individuais e sociais, geraram a necessidade e, conseqüentemente, a legitimidade da educação sistemática. As variações sobre os fins da educação, os conteúdos (o que ensinar) e as metodologias (como ensinar) produziram uma pedagogia normativa e propositiva, que assumiu o fato de que a educação tinha o dever de desenvolver a razão, transformar a sociedade, constituir a solidariedade entre os homens e consolidar comunidades de cidadãos livres e responsáveis. Marcado este rumo, sobrevêm as preocupações com a explicitação do caminho que facilitaria o logro desses objetivos.

A dimensão prática, tradicionalmente entendida como um saber de caráter técnico-instrumental, dava uma resposta à atividade da sala de aula que não podia, enquanto a educação era concebida como um fato social e político, ficar sob a responsabilidade apenas da vontade individual dos que a exerciam. São essas as questões fundamentais pelas quais a pedagogia se constitui como um saber com uma dupla dimensão: a de ser teórica e prática ao mesmo tempo, ou seja, um saber que tanto deve refletir sistematicamente sobre a educação, como ser capaz de orientar a tarefa de educar.

Guiar a ação implica estabelecer uma direção possível e iluminar o caminho pelo qual se possa avançar. A filosofia da história moderna e o evolucionismo posterior, desenvolvido no Positivismo, proporcionavam essa possibilidade,[2] o que não significa que esteja a cargo da pedagogia — como ciência ou arte — a função de definir tecnicamente a cotidianidade da escola.[3]

A pedagogia moderna não só colocou ideais[4] que estivessem em consonância com o progressismo da filosofia da história, mas também estabeleceu os lineamentos que permitissem levar a bom termo a prática educacional. Em outras palavras, a pedagogia moderna não se contentou em definir a idéia da perfeição possível, mas buscou ferramentas para alcançá-la. Nesse sentido, ela é propositiva e, no contexto de um projeto social emancipatório, também emancipatória.

Poderíamos dizer que é o ideal da emancipação, estabelecido sobre o progresso social, a perfectibilidade da natureza humana e a idéia de uma história universal que dão legitimidade à Teoria da Educação moderno-iluminista — que também é crítica — porque avalia o tempo presente da perspectiva de um futuro melhor, à luz do qual entende a transformação do mundo e nela aposta.

Nesse sentido, a pedagogia moderna é normativa e propositiva porque estabelece ideais, orienta sua consecução, mas, especialmente, se preocupa com seu fundamento baseado na atividade livre e progressiva da razão, que é finalmente a que permitirá a evolução da sociedade, a integração social e o desenvolvimento do indivíduo até que alcance sua autonomia.

---

2. Cf. Spencer (1933).

3. Não obstante, na atualidade, as questões metodológicas entendidas como formas de interação, assim como as questões administrativas e organizacionais, que foram avançando sobre âmbitos destinados primariamente à reprodução simbólica do mundo, representam problemas que uma Teoria Crítica da Educação deveria abordar.

4. Cf. Kant (1996: 17).

Desse ponto de vista, a Teoria da Educação ou a pedagogia[5] sempre teve que explicitar um modelo de homem, de súdito ou de cidadão, de sociedade e de convivência social, em virtude dos quais pudesse pensar a educação como Instrução e Formação (*Bildung*) com um fim predeterminado.[6]

A atualmente tão questionada normatividade da pedagogia não é outra coisa senão a discussão sobre a possibilidade ou impossibilidade de explicitação de uma concepção de homem e de mundo, a um só tempo teórica e prática, que se abala com a crise da racionalidade moderna. Isto é, na medida em que a normatividade do pensamento moderno é posta em questão, assim como sua pretensão de autocertificação, é posta também em questão a normatividade da pedagogia.

Em *O discurso filosófico da Modernidade* (*Der philosophische Diskurs der Moderne*), Habermas apresenta um panorama amplo das correntes de pensamento que dão por encerrado o ciclo da razão. Segundo Habermas, tais correntes se diferenciam entre si por seus conteúdos e por suas estratégias conceituais, embora não se distingam nos resultados, pois todas acabam concebendo a idéia do "outro da razão", para significar a exclusão que produziu a racionalidade moderna, sem poder explicar de que lugar elas conseguem pensar uma razão exclusiva e uma inclusiva.[7] Habermas diz:

> A crítica radical da razão paga um alto preço pela despedida da Modernidade. Em primeiro lugar esses discursos não podem nem querem prestar contas sobre o lugar que ocupam. Dialética negativa, genealogia e desconstrução esquivam-se de maneira análoga àquelas categorias segundo as quais o saber moderno, não por acaso, se diferenciou e que hoje constituem a base de nossa compreensão dos textos. [...] essas "teorias" [...] levantam pretensões de validade apenas para desmenti-las [...]

---

5. Ao longo deste trabalho usaremos os dois conceitos como sinônimos, nos referindo a uma reflexão sistemática sobre educação. Excluindo dessa delimitação os saberes de caráter técnico-instrumental que, embora sejam derivados da Teoria da Educação, pertenceriam ao campo da didática. Não é nossa intenção abordar essa dimensão específica.

6. É nesse ponto que os limites já difusos entre teoria da educação e filosofia se tornam mais difusos ainda. Cf. Dalbosco (2003: 32-49).

7. Apresentamos este tema com exagerada simplificação porque não se trata de uma discussão central para esta tese. Não obstante nossas afirmações estão baseadas em Habermas. Ver, ainda, Habermas (1989b; 2000c).

e acrescenta:

> Entre os fundamentos normativos declarados e os dissimulados subsiste uma desproporção que se explica na rejeição não dialética da subjetividade. (Habermas, 2000b: 467-469)

No entanto, a normatividade da teoria da educação parece eclipsar-se no mesmo momento em que começa a desconfiança no poder emancipatório da razão, pois como temos dito, a legitimidade da educação moderna, e portanto o seu dever ser, decorre da perspectiva libertadora com que se estabeleceu.

A partir daí, a crítica se mantém com a finalidade de apresentar e expor o que não se alcançou: os objetivos que não puderam ser logrados, isto é, a crítica guarda necessariamente um caráter normativo, mas sem esperança de transformação.

Ao perder seu caráter emancipatório, a crítica fica nos limites da denúncia, e a impugnação, a partir daí, só pode mostrar ou manifestar aquilo que, ao mesmo tempo, objeta ou refuta.

Nesse sentido, a teoria da educação se entende como crítica por resguardar-se teoricamente na "denúncia". No entanto, a denúncia esclarece causas e conseqüências das situações presentes e passadas, mas não se outorga o direito de orientar a ação por não acreditar na possibilidade da transformação. Essa teoria da educação, que exercita a crítica para examinar os ideais transformados em simples ilusão vai, consciente ou inconscientemente, se envolvendo em uma filosofia da história negativa na qual a educação participa, seja para reproduzir desigualdades, para coisificar, alienar ou reificar, seja para dominar, reprimir a individualidade, massificar etc.

Entrementes, esses desenvolvimentos teóricos vão ocupando as aulas nas universidades e os cursos de educação, sendo a prática cotidiana dos professores soterrada por um discurso eficientista e idealista, que leva muitos desses professores a reproduzirem o que conseguiram apreender sem ter muitas alternativas para inovar ou, pelo menos, fazer isso de maneira consciente e crítica. Isso porque a teoria que, em outro tempo, se encarregou de clarear os objetivos éticos e políticos da educação ficou no beco sem saída da negatividade. Tal fato lhe permite retornar aos problemas e a suas causas, expô-los e analisá-los de uma perspectiva teórica, a qual só revela os objetivos que não se alcançaram, as esperanças ingênuas e uma convicção de que tudo isso pertence ao reino das "ilusões", que a contemporaneidade, em virtude de uma racionalidade desencantada, deve desmascarar.[8]

Essa restrição e essa simplificação do problema pedagógico expõem, com total clareza, a crise por que passam os discursos teóricos e os próprios sistemas educacionais, ao mesmo tempo que mostram a incapacidade de seus atores para enfrentá-la, porquanto as respostas que se elaboram ou são parciais, e não chegam nem a analisar a profundidade do problema educativo, ou são técnicas e buscam a maior eficiência possível na transmissão de conhecimentos. Em qualquer caso, inscrevem-se em uma perspectiva que dista muito da amplitude e da profundidade com que deveria ser abordado o problema de uma Teoria da Educação na contemporaneidade.

Tomando as palavras de outro autor, diríamos que o problema pode resumir-se da seguinte maneira:

> Significa perguntar-se se a educação ainda pode amparar-se nas metanarrativas que foram, à semelhança da racionalidade iluminista, características da cultura pedagógica da Modernidade, pois, se a Modernidade funda-se num conceito de racionalidade que atua no sentido de um curso histórico teleológico em busca de uma sociedade melhor, a educação que emergiu em seu seio assenta no mesmo pressuposto e na mesma expectativa, porque a educação é o principal instrumento para a realização do ideal iluminista. Portanto, é pertinente e urgente perguntar se a crise das metanarrativas representa também uma crise de legitimidade dos fundamentos da cultura pedagógica amparada nesses metarrelatos. (Goergen, 2001: 62)

É óbvio que as críticas ao projeto moderno-iluminista impactam a legitimidade da pedagogia moderna, e é esse o problema que deve ser

---

8. Cf. Habermas (2003). Cf. também Mccarty (1992). É interessante destacar que, ao elaborar o conceito de "idéias" como entidades regulativas, cujo único uso legítimo pertence à esfera do emprego especulativo da razão, Kant alertava sobre o perigo de tratá-las como constitutivas, pois, nesse caso, só poderiam produzir "ilusões". É digno de nota que o conceito de "ilusão" já apareça, como prevenção, no pensamento kantiano, quando poderia parecer que esse conceito é patrimônio das teorias que fazem uma crítica radical à Modernidade.

posto em primeiro lugar, se se quer repensar uma Teoria da Educação capaz de responder aos problemas que a contemporaneidade apresenta, por isso perguntar pelas condições de possibilidade de uma teoria crítica de educação é perguntar por seus alcances e limitações, mas também pela própria legitimidade da pedagogia no contexto da discussão em torno da Modernidade.

A pedagogia moderna nasce como saber subsidiário de uma teoria da sociedade de caráter emancipatório e utópico, ético e político. As mais variadas correntes do pensamento pedagógico moderno desenvolvem essas relações que, ao mesmo tempo, o vão delimitando e caracterizando-o como um saber normativo e proposital.

As críticas à racionalidade moderna e, especialmente, a desconfiança acerca do papel libertador da razão que delas surge, reduzem o poder transformador que teve a crítica na Modernidade clássica e põe em questão o caráter emancipatório do projeto iluminista. Se a pedagogia moderna é constitutiva desse projeto, resulta evidente que as críticas à Modernidade tornam pouco firme o solo onde se assentou. Isto é, pareceria que sob o domínio dessas críticas já não é pertinente falar da educação para a autonomia, nem da emancipação como processo social e, muito menos, da formação moral como processo de aperfeiçoamento da natureza humana. Em outros termos, as críticas à racionalidade moderna, à subjetividade e ao progresso nos obrigariam a pensar novamente na legitimidade da educação como processo social, político e ético e na pedagogia como um saber que deveria se preocupar com suas próprias condições de possibilidade.

Neste trabalho não vamos abordar as críticas à Modernidade, que dão por concluído seu ciclo e que, segundo a Habermas, denominamos de pós-modernas ou pós-iluministas. Vamos, aqui, nos referir a um tipo de crítica que, sempre conforme Habermas, incorre em uma "contradição performativa",⁹ ao se valer da razão para criticar a própria razão e, ao mesmo tempo, querer salvá-la. Referimo-nos à crítica produzida pela primeira geração da denominada Teoria Crítica da Sociedade, especialmente a Max Horkheimer e Theodor Adorno, para examinar como, de uma perspectiva conceitual centrada na filosofia do sujeito, vão se ema-

---

9. Cf. Habermas (2000b, cap. V; 1999b, v. I, cap. IV).

ranhando numa crítica totalizadora e niveladora da Modernidade, o que impediria que sejam vistas suas contradições e ambigüidades. Entretanto, o que resulta mais complexo é que, sob essa nivelação, não há o que salvar da racionalidade — fato que levaria a aceitar como inevitáveis as aporias do pensamento teórico, o que gera grandes problemas para a Teoria Social.

De fato, a crítica de Habermas supõe não só um olhar retrospectivo sobre a Modernidade clássica, mas também uma pretensão de recuperação e superação que procura recolocar a legitimidade da crítica com perspectiva emancipatória.

De um ponto de vista pedagógico, a dupla dimensão teórica e prática da educação tornaria adequada a crítica habermasiana e o raciocínio do próprio Adorno sobre educação abriria um espaço de legitimidade a essa crítica. De um ponto de vista filosófico, Habermas também recebeu censuras por sua crítica à primeira geração da Teoria Crítica da Sociedade,[10] no entanto, para refletir sobre a necessidade e a legitimidade da educação, o próprio Adorno teve de retornar à relação educação-emancipação, mas, após as críticas à racionalidade, tal relação ficaria sem fundamento.

Essa crítica radical à racionalidade ocidental não pode, no entanto, por força dos acontecimentos, ser desconhecida, embora também não pudesse ser recuperada produtivamente sem uma revisão que lhe restituísse a vitalidade e a situasse historicamente como parte de um pensamento que, mesmo querendo salvar a razão, não consegue elaborar as ferramentas conceituais para isso.

Tanto Horkheimer como Adorno, presos a uma filosofia da história que os leva a examinar a racionalidade ocidental como totalidade, vão reduzindo toda a razão a seu aspecto instrumental, obstruindo, com isso, a possibilidade de uma crítica que volte a situar, sob uma nova perspectiva, a dialética entre crítica, crise e utopia.

Nesse contexto, as referências a conceitos como autonomia e formação do homem parecem perder toda legitimidade no campo da Teoria Social e no campo da Teoria da Educação. Wellmer expressa isso da seguinte maneira:

---

10. "Do conceito de razão em Adorno", in Gagnebin (1997); "Notas sobre a 'carência de fundamentação' na filosofia de Theodor W. Adorno", in Duarte (1997); entre outros.

Pois a descoberta de Freud (ou de Nietzsche) não foi, em última instância, que a ambição (ou a vontade de poder) já esteja instalada desde sempre como uma força não inteligível no interior do argumento racional e da consciência moral. Bem entendido! Seria uma descoberta somente se se partisse das idealizações do racionalismo. De imediato ficaria indefinido o que aconteceria com os conceitos de sujeito, de razão e de autonomia, tão logo fossem retirados das constelações racionalistas que foram estremecidas pela psicanálise.[11]

Em conclusão, este trabalho tentará mostrar que um caminho possível para reconstruir uma Teoria Crítica da Educação, capaz de orientar a ação e de defender-se da mutilação que sofre, estaria em ampliar seu horizonte conceitual, ancorando-se num modelo de Teoria Social Crítica, armado de uma estratégia teórica que lhe possibilite revisar o conceito de razão, ampliá-lo, renová-lo e situá-lo historicamente. E permita analisar a educação como uma ação situada no mundo da vida e a pedagogia como um olhar que possa se debruçar sobre os conceitos de argumentação, interação, interpretação, aprendizagem, crítica, fundamentação, entre outros.

Assim, seria possível voltar a falar sem o auxílio da metafísica, da religião ou da tradição do caráter emancipatório de um projeto social, pois ele dependeria de processos de interação destinados ao entendimento, responsáveis, em última instância, pela coesão social e que, finalmente, permitiriam processos de crítica e de consenso para aprofundar as democracias e alcançar uma convivência mais solidária. De fato, a educação nasce como instituição destinada a promover a evolução social e a reprodução simbólica do mundo que uma racionalidade teórica não pode explicar em toda a sua complexidade.

Seguindo a estratégia de Habermas na análise desses problemas, é nossa intenção investigar se é possível, e sob quais condições, reformular uma Teoria Crítica da Educação que seja capaz de recuperar sua força normativa orientada, agora, por uma perspectiva teórica na qual a "interação" toma uma nova dimensão.

Em suma, refletir sobre as condições de possibilidade de uma Teoria Crítica de Educação é refletir sobre as questões de necessidade e legi-

---

11. Wellmer, A. *Zur Dialektik von Moderne und Postmoderne. Vernunftkritik nach Adorno*. Suhrkamp Verlag: Frankfurt am Main, 1993, p. 72. Tradução prof. Pedro Goergen.

timidade de educação em sociedades complexas — proposta que será desenvolvida em três capítulos.

O primeiro capítulo trata da relação Modernidade-educação, em torno dos conceitos de autonomia, emancipação e formação, porque essa foi a configuração que tomou tal relação. O tema da dialética entre crítica, crise e utopia constitui uma filosofia da história, que, embora tendo distintas expressões, é o solo que permite a esse "tempo novo" — neste caso representado essencialmente por Kant — situar a educação como motor capaz de impulsionar um processo de progresso social de caráter moral e político, sustentado no desenvolvimento da razão.

O segundo capítulo apresenta brevemente a crítica à racionalidade ocidental elaborada pela "primeira geração da Teoria Crítica da Sociedade", mais especificamente por Adorno e Horkheimer, com o objetivo final de mostrar como, com eles, se rompe a relação Modernidade-emancipação e como, ainda assim, eles retornam à idéia de "autonomia" e emancipação de Kant, ao analisarem o problema pedagógico, sem poder explicar qual seria o sustento teórico de tais esperanças. O núcleo do capítulo consiste em expor os limites que revelaria a estratégia argumental — crítica totalizadora da racionalidade — seguida por Horkheimer e Adorno, para desenvolver um discurso pedagógico que retome a trilha dos ideais modernos: autonomia e emancipação num sentido kantiano. Dito de outro modo, tentaremos mostrar como a aceitação da inevitabilidade da aporia do pensamento teórico apresenta dificuldades conceituais para o desenvolvimento da Teoria da Educação.

O terceiro capítulo apresenta a crítica à Modernidade elaborada por Habermas, com a convicção de que ela nos permitiria dar os primeiros passos para repensar, com sentido crítico e produtivo, a contemporaneidade e, com ela, a possibilidade de uma Teoria da Educação crítico-emancipatória, que se preocupa com a sua própria possibilidade e legitimidade. A factibilidade de reconstrução de uma teoria social crítico-emancipatória reabre, para a pedagogia, uma perspectiva muito fecunda ao diferenciar *sistema* e *mundo da vida*.

O próprio Habermas analisa o tema da seguinte maneira:

> A família e a escola não são em modo algum âmbitos de ação formalmente organizados. Se estiveram "por natureza" constituídos juridicamente, a condensação das normas jurídicas poderia conduzir a uma redistribui-

ção do dinheiro e do poder dentro deles, sem necessidade de assentá-los sobre um princípio de socialização distinto. Mas de fato, em estas esferas do mundo da vida, com anterioridade a toda juridicidade, existem normas e contextos de ação que de modo funcionalmente necessário dependen do entendimento como mecanismo de coordinação da ação. (Habermas, 1999b, v. II: 521-522)

Processos de reprodução e inovação do mundo simbólico, formação da identidade e socialização, dependentes da estrutura intersubjetiva do *mundo da vida*, recolocam legitimamente o tema da Autonomia e da Formação Moral, mesmo dentro de um paradigma comunicacional.

Não é objetivo deste trabalho apresentar a *Teoria da ação comunicativa*, nem muito menos uma visão geral da obra habermasiana, mas recorrer a ela para aprofundar o estudo de alguns conceitos analisando a sua potencialidade para uma teoria crítica da educação.

No entanto, é interessante destacar que o propósito de buscar nexos entre a Teoria da Educação e a obra habermasiana registra muitos e valiosos antecedentes, os quais inspiram e estimulam a nossa pesquisa.

Se tivermos sucesso no caminho empreendido, esperamos simplesmente retomar algumas questões e discussões que, no campo da teoria da educação, foram postas de lado ou perderam espaço para a hegemonia de um pensamento reduzido e técnico.

Capítulo I
Modernidade e Educação: Autonomia, Emancipação e Formação Moral

> *"O projeto de uma teoria da educação é um ideal muito nobre e não faz mal que não possamos realizá-lo. Não devemos considerar uma Idéia como quimérica e como um belo sonho só porque se interpõem obstáculos à sua realização. Uma Idéia não é outra coisa senão o conceito de uma perfeição que ainda não se encontra na experiência."* (Kant, 1996: 17)

1. A razão crítica: Crise e utopia

A Modernidade, com suas características de época, configura-se a partir de uma filosofia da história que reúne tanto a percepção de um "novo tempo", quanto a questão do "progresso social" e da "perfectibilidade da natureza humana". Essa filosofia da história, de traços universalistas e utópicos, se desenvolve a partir de um processo teórico duplo: o da produção e o da difusão de saberes, que o homem conquista com uma única ferramenta — sua razão — e cujas conseqüências excedem amplamente o âmbito científico e técnico.

A idéia de conquistar sistematicamente o saber, de descobrir pela razão o que está oculto gera, paulatinamente, uma nova visão de mundo, pela qual o eixo se translada do teocentrismo dominante na Idade

Média para o logocentrismo ou, o que é o mesmo na Modernidade, o antropocentrismo.

A partir desse momento, racionalidade e subjetividade passarão a ser o centro de um "novo tempo". Assentado sobre esses pilares, o Iluminismo[1] consegue elaborar um projeto social emancipatório, a partir de uma "razão crítica" que, ao mesmo tempo que derruba as estruturas das sociedades tradicionais, vai descobrindo e questionando as possibilidades da razão teórica, suas conseqüências e relações com a razão prática, colocando na autonomia da vontade o eixo em que se sustentará a emancipação.

> A autonomia da vontade é o único princípio de todas as leis morais e de todos os deveres que lhes convêm; ao contrário, toda heteronomia do arbítrio, não só não funda obrigação alguma, como inclusive é contrária a seu princípio e à moralidade da vontade. (Kant, 1973: 39)

Nesse contexto que a razão vai construindo da perspectiva das idéias, consolida-se um processo de "crítica", cujas conseqüências se farão sentir primeiro no plano das religiões e, mais tarde, no plano político contra o "Estado Absolutista".[2] O efeito dessa revolução do pensamento pode resumir-se politicamente na Revolução Francesa, de 1789.

A produção de conhecimento científico novo, metódico e sistemático, capaz de revelar as regularidades internas do funcionamento da natureza, apresenta, aos olhos de um iluminista, possibilidades ilimitadas de evolução e desenvolvimento que terão seu correlato na esfera social. As forças que se haviam apresentado como inexplicáveis e misteriosas, que influíam e até dirigiam a vida particular de cada sujeito, já não ofereceriam segredos. Dali em diante as vontades só poderiam ser regidas pela razão.

A Modernidade e com ela o Iluminismo se configuram e avançam amparados na idéia de uma racionalidade onipotente, cujos alcances se manifestam produzindo novos saberes e conhecimentos, desmistificando os existentes tanto no campo do conhecimento científico, quanto no campo da moral e da política.

---

1. Referimo-nos ao movimento filosófico e político iniciado no século XVIII, especialmente elaborado por pensadores franceses e alemães.

2. Cf. Koselleck (1999).

Nesta medida, a autocompreensão da Modernidade não se caracteriza unicamente pela "autoconsciência" teorética, pela atitude autocrítica perante toda tradição, mas também pelas idéias morais e éticas de "autodeterminação" e de "auto-realização". Segundo Hegel, este conteúdo normativo da Modernidade se baseia na estrutura da mesma razão e é explicado no "Princípio da subjetividade". Já que Kant havia feito um uso autocrítico da razão e tinha desenvolvido a partir da faculdade da razão um conceito transcendental, Hegel pode ler as três Críticas de Kant como interpretação regulativa da autocompreensão da Modernidade. (Habermas, 2000c: 173)

Portanto, além desta capacidade irrestrita de gerar saberes, o reconhecimento da capacidade de criticar e julgar produz uma outra revolução em relação às idéias, o que se traduz na possibilidade de pensar e atuar a favor de novas formas de organização social que já não sobrevirão, nem por desígnio divino nem pela força da tradição, mas engendradas por uma reflexão crítica de caráter moral e político. O século XVIII é, como veremos adiante, paradigmático a esse respeito.

No momento em que se perfila o princípio da subjetividade, e a razão se constitui em "juiz diante do todo da cultura", nasce a Modernidade. (Habermas, 2000b: 29) Os acontecimentos históricos que, paulatinamente, produziram a passagem das sociedades tradicionais às modernas podem situar-se em torno dos anos 1500 e 1600 e, entre eles, podemos destacar o descobrimento da América, a Reforma Protestante e o Renascimento. Merece destaque o surgimento das ciências naturais concebidas a partir do novo método que, baseado na observação e na experimentação, define uma nova relação com a natureza.[3]

Como "nova época" histórica, a Modernidade se estrutura sobre a base de novos problemas, uma *vivência diferente do tempo* e a *consciência de um sujeito* que está chamado a construir sua história, mas que, por essa causa, se vê obrigado a redefinir os velhos problemas sob nova perspectiva, isto é, compreendendo-os no contexto de um processo histórico progressivo, que assume na Modernidade um caráter novo. A Modernidade se auto-atribui a tarefa de dar sentido e de unificar, retrospectivamente, toda a história da humanidade com a vista posta no futuro.

---

3. Cf., entre outros, Descartes, (1993); Bacon, Descartes, Galileo, Locke e Spinoza (1973).

Agora o mundo "moderno" se opõe ao "antigo" ao abrir-se radicalmente ao futuro. O momento fugaz do presente ganha em entidade, ao servir para cada geração como ponto de partida para a compreensão da história em sua totalidade. [...] A história é percebida agora como um processo gerador de problemas que se acumulam desde o futuro. (Habermas, 2000c: 171)

É preciso dizer que a idéia de futuro não é exclusivamente moderna. De um ponto de vista teológico, a Escolástica já o concebia, seguindo o pensamento aristotélico, como produto de ações humanas livres. Não obstante, o futuro era conhecido de antemão pela onisciência de Deus e, por essa razão, ficava vinculado às idéias de "predestinação" e "livre-arbítrio". O singular da Modernidade é a visão do futuro como o tempo do possível, cujas alternativas o homem vai determinando desde o presente, o que o vincula ao conceito de "progresso" e de "história". A contemporaneidade é a responsável pela construção sempre progressiva de uma utopia que não está definida nem fechada.[4]

O Iluminismo expressa genuinamente essa idéia, na esperança de estender, de difundir as luzes que a razão produz, modificando as perspectivas da vida do homem e da vida da sociedade. As crises do tempo presente serão resolvidas pela ação racional do homem situado na história. A crítica revela que os problemas do tempo presente surgem da incapacidade de o homem ter feito um uso adequado de sua racionalidade, de ter abandonado, por preguiça ou covardia, a possibilidade de pensar por si mesmo. Nas conseqüências desse pensar por si mesmo reside a utopia. Com outras palavras, poder-se-ia dizer que as possibilidades de desenvolvimento proporcionadas pela razão não encontram limites prefixados. "*Sapere Aude*" é a consigna dos tempos modernos e nela consiste a perspectiva de um futuro a ser construído. Nesse sentido, a relação estabelecida entre crise e crítica pode ser entendida como ponto de partida para a superação dos problemas do presente. A crítica assentada no uso da razão revela a crise e, simultaneamente, as vantagens do desenvolvimento da racionalidade para o homem e para a sociedade.

---

4. Cf. Adorno (1995).

A Modernidade parte da idéia de um "novo tempo" que se concebe a si mesmo como distinto, porque rompeu com o passado que agora tem de interpretar e entender a partir da contemporaneidade. Enquanto o passado (experiência acumulada) sempre havia sido a referência tanto para imitação quanto para superação, a Modernidade o reconhece somente de um presente caracterizado pela inovação e, portanto, como sendo um tempo de transição permanente.

Romper com o passado e com as tradições é romper com as normas que, conferindo sentido à vida individual e comunitária, cumpriam a função de integração social e de unificação de formas de vida. Esta ruptura, possibilitada pela crítica, significa também que a Modernidade já não pode extrair modelos de outras épocas, uma vez que esses têm de ser construídos e legitimados pela própria Modernidade. Daí que inovação e razão crítica sejam as notas distintivas deste novo tempo, características que possuem, como qualidade comum, a produção de um processo de instabilidade constante, que registra seus primeiros antecedentes com o surgimento do método científico e de pensadores como Francis Bacon (1561-1626), René Descartes (1596-1650) e Immanuel Kant (1724-1804), entre outros.

Contudo, será recentemente com Hegel que tais fenômenos se perceberão como forjadores de um "novo tempo". As conseqüências desse modo de percepção do tempo geram um problema central para a Modernidade: o de sua própria autocertificação, que Hegel converte no seu principal problema filosófico:

> [...] apenas no final do século XVIII o problema da autocertificação da Modernidade se aguçou a tal ponto que Hegel pôde perceber essa questão como problema filosófico e, com efeito, como o problema fundamental da sua filosofia. (Habermas, 2000b: 24-25)

A Modernidade se vê confrontada com esse problema que, não obstante, deve ser superado. Ela "deve estabilizar-se a partir da única autoridade que deixou em pé: a razão" (Habermas, 2000c: 172). Só por meio da razão poderá gerar-se um sentido para a História que contenha as histórias particulares e uma cosmovisão em que seja possível sua inserção.

O sentido da história e do progresso da humanidade caracteriza um processo que vai do incompleto e simples ao complexo; da imperfeição à perfeição; da conduta heterônoma à autônoma; de indivíduos que, como integrantes da espécie, vão desenvolvendo a comunidade em que vivem. Progresso, crítica, evolução, crise e desenvolvimento alcançam seu sentido pleno em um tempo que vai diferenciando o "campo de experiência" e o "horizonte de expectativas",[5] isto é, as experiências que, como acúmulo do passado, vão configurando a história do sujeito se distanciam cada vez mais das expectativas que uma época em constante evolução permite criar. A perspectiva de futuro, como um tempo a ser construído, associada à idéia de progresso se abre, assim, de maneira ilimitada.

Por isso, o "campo de experiência", que nas sociedades tradicionais era o contexto no qual se consolidava a vida individual e coletiva, começa a ser questionado. O processo de racionalização desestabiliza as tradições e suas certezas, e esse questionamento só pode ser feito a partir de uma perspectiva de futuro e de progresso que, como possibilidade, se coloca em um horizonte próximo.

Essa característica de pospor a solução dos problemas do presente para o futuro vai escurecendo o próprio sentido da crise, o que se produz pelas mudanças nas concepções do mundo, aquelas que bem identificam os três séculos precedentes ao século XVIII, de tal maneira que crítica e crise estabelecem uma relação que se define na utopia, ou seja, na possibilidade certa de superação dos problemas do presente porque as condições para tal estão dadas no uso da razão.

No século XVIII, foi-se configurando a relação entre a crítica do presente e a possibilidade de superação das crises no futuro, futuro esse que produz uma filosofia da história progressista, transladando a escatologia cristã ao mundo terreno, produzindo um processo de secularização. Voltaire e Condorcet, entre outros, elaboram nestes termos uma filosofia da história que mantém sempre latente a dialética entre crise e crítica — a "razão crítica" que, enquanto se desenvolve, vai derrubando as construções do passado, constrói, ao mesmo tempo, uma perspectiva ilimitada de soluções futuras.

Como é peculiar à crítica racional não reconhecer a autonomia dos domínios que critica, seja a religião ou a política, ela precisou procurar um

---

5. Koselleck, R. *O futuro-passado*. Frankfurt am Main, 1979 apud Habermas, p. 23. A mesma referência aparece na introdução, escrita por Elías Palti, ao texto de Koselleck (2001).

apoio que a remeteu para o amanhã, em cujo nome pôde negligenciar o hoje com a consciência tranqüila. Para fazer valer seus direitos, a crítica do século XVIII teve que se tornar utópica. (Koselleck, 1999: 15)

No entanto, do ponto de vista das idéias, a Modernidade se configura não apenas a partir de um novo sentido dado à história, senão também a partir de um novo conceito: a "subjetividade". O "Iluminismo" e a "Revolução Francesa" consolidam uma "estrutura de auto-relação" que Hegel denomina subjetividade, embora, como sabemos, desde Descartes a filosofia moderna se estrutura sobre estas noções de subjetividade e de autoconsciência.

As características principais que Hegel atribui à subjetividade são as de liberdade e reflexão:

> Nesse contexto a expressão subjetividade comporta, sobretudo, quatro conotações: a) individualismo: no mundo moderno a singularidade infinitamente particular pode fazer valer suas pretensões; b) direito de crítica: o princípio do mundo moderno exige que aquilo que deve ser reconhecido por todos se mostre a cada um como algo legítimo; c) autonomia da ação: é próprio dos tempos modernos que queiramos responder pelo que fazemos; d) por fim a própria filosofia idealista: Hegel considera como obra dos tempos modernos que a filosofia apreende a idéia que se sabe a si mesma. (Habermas, 2000b: 25-26)

Só por uma subjetividade que já não se conforma com a aceitação dos preceitos e das regras impostas, mas sim exige legitimidades que suportem a análise crítica, a Modernidade se autonomiza com relação ao passado e pode fundamentar-se a si mesma e adquirir seu direito de outorgar sentidos com vistas ao futuro. Dessa legitimidade, exposta ao exame e à crítica, e como conseqüência à inovação e às mudanças, pode-se olhar a história como um exercício retrospectivo.

Talvez a manifestação mais claramente formulada sobre esse tema se tenha dado no campo da arte com a *"Querelle des anciens et des modernes"*, pois é no âmbito da crítica estética que, pela primeira vez, se toma consciência da necessidade de autofundamentação. Nessa crítica, os modernos questionam a imitação dos modelos antigos, assim como o conceito tradicional de "beleza absoluta".

O partido dos modernos insurge-se contra a autocompreensão do classicismo francês, quando assimila o conceito aristotélico de perfeição ao de progresso, tal como este foi sugerido pela ciência natural moderna. (Habermas, 2000b: 13)

O sujeito moderno é livre, pela possibilidade de gerar um conhecimento que lhe proporciona uma posição de privilégio perante a natureza e lhe permite elaborar uma moral feita à medida de sua subjetividade. "...a auto-compreensão da Modernidade não se caracteriza unicamente pela autoconsciência 'teorética', pela atitude autocrítica perante toda a tradição, mas também pelas idéias morais e éticas de 'autodeterminação' e 'auto-realização'", que Kant expressa nas três críticas (Habermas, 2000c: 173).

O projeto moderno busca instaurar uma relação inédita entre razão e liberdade. Esta determinante participação ativa do ser humano está claramente registrada na filosofia de Kant [...]. (Goergen, 2001b: 15)

Não obstante, segundo Habermas, foi Hegel quem inaugurou filosoficamente a Modernidade.[6] No entanto, foi com o movimento que vai de Descartes a Kant, e se consolida com este último, que subjetividade, crítica e autonomia começaram a configurar essa particular relação que faz da época moderna um "tempo novo".

Kant expressa o mundo moderno em um edifício de pensamentos. De fato isso significa apenas que na filosofia kantiana os traços essenciais da época se refletem como em um espelho, sem que Kant tivesse conceituado a Modernidade enquanto tal. Só mediante uma visão retrospectiva Hegel pode entender a filosofia de Kant como auto-interpretação decisiva da Modernidade. (Habermas, 2000b: 29)

Segundo a análise precedente, tal relação (subjetividade, crítica, autonomia) encontra-se organizada, como temos dito, na relação mais geral estabelecida entre filosofia e história. Tentaremos, no próximo item, definir seus traços mais sobressalentes.

---

6. É interessante ressaltar que esta posição sustentada por Habermas, segundo a qual a Modernidade aparece como tema filosófico com Hegel e não com Kant, não é unânime. Ela foi discutida por Ricardo Terra em um artigo denominado "Notas sobre sistema e Modernidade — Kant e Habermas" (Terra , 1999).

2. Modernidade e filosofia da história

Progresso, subjetividade, razão crítica e percepção de um tempo novo se combinam e se inter-relacionam para produzir uma nova concepção de mundo que, do presente, vai dando sentidos ao passado e construindo perspectivas de um futuro melhor. Assim se configura a filosofia da história na modernidade.

Contudo, o conceito de "filosofia da história" não é privativo da Modernidade, já que a tradição judaico-cristã tem sua própria elaboração a respeito, como vários autores[7] tão bem assinalam, é expressada claramente em *A cidade de Deus* (413-426), de Santo Agostinho. Nessa obra, a história já não é entendida como o "eterno retorno", e sim como um tempo constituído por passado, presente e futuro, ao que a redenção final outorga sentido e pela qual o futuro não é indefinido, senão pensado como a consumação da "cidade de Deus".

Um tempo presente que deve ser avaliado do futuro e um caminho a ser percorrido com sentido evolutivo e progressista. A *civitas Dei* espera pelo homem ao final de sua vida terrena, embora seja nesta que se constrói a possibilidade de chegar a Deus. Seguir ou não este caminho é decisão que cabe à liberdade de cada indivíduo. Nesse sentido, o tempo da vida terrena é o cenário para a construção da salvação.

Este trânsito entre a vida terrena e a vida celestial introduz a idéia de progresso que não pode ser entendida isoladamente, senão relacionada aos conceitos de "homem" e "história", "redenção" e "totalidade". Por isso, o progresso deve ser analisado em sua dupla vertente: o caráter histórico e terreno, por um lado, e seu caráter redentor e salvacionista, por outro. Santo Agostinho é reconhecido por Adorno como o primeiro filósofo que trata o tema do progresso como um problema ambíguo e contraditório que, embora possa resolver-se na redenção, não pode ser entendido fora de seu lugar na história (Adorno, 1995: 37-61).

> Certamente, esta idéia de progresso tem a marca genética do medievo cristão, do qual a Modernidade emerge. O cristianismo (desde Santo Agostinho) conta uma história que tem um começo, um meio e um fim. (Goergen, 2001b: 13)

---

7. Adorno (1995), Châtelet (1994), Goergen (2001b) e Terra (1995).

Não obstante, se Santo Agostinho é uma referência para entender o tema da filosofia da história que pensa o trajeto desde a *civitas* terrena a *civitas Dei*; no século XVIII esse tema vai ganhar uma nova dimensão: o ponto de chegada já não será o mundo celestial predeterminado, e sim um mundo a ser construído pelo homem, onde a escatologia cristã é colocada em uma filosofia da história secular, em um tempo vazio, que tem de ser organizado e planejado pelo homem em exercício de sua liberdade. Nesse sentido, "liberdade é ruptura do tempo, possibilidade de início de uma série temporal nova, corte e decisão com o passado, crise e crítica, acontecimento..." (Kant, 1999a: 53), isto é, a "Salvação" se transforma em "Emancipação" pela participação ativa e responsável do homem nesse processo de construção de um mundo novo (Goergen, 2001b: 16).

O século XVIII apresenta uma singular configuração, ao ser percebido como o tempo em que é possível fundar um mundo novo. O acúmulo de transformações que aportavam as idéias políticas e jurídicas, o fim do temor ao desconhecido brindado pela ciência empírica, a possibilidade, a um só tempo, de convivência e de domínio da natureza, descobrimentos, rupturas, perspectivas de futuro, foram gerando um clima de agitação e mudanças, pré-revolucionário em vários sentidos.

> No rigoroso processo de crítica — que era, ao mesmo tempo, um processo de efervescência social — formou-se a filosofia da história [...] A crítica da arte e a crítica da literatura foram as primeiras a articularem na república das letras, a oposição entre antigos e modernos e a elaborar uma concepção de tempo que separava futuro e passado. (Koselleck, 1999: 14)

A crítica, que se apresenta como "arte de julgar e discriminar", impulsiona esses processos e se assenta sobre a idéia legitimadora de que só por ela é possível encontrar a "verdade" — fato que acarreta importantes conseqüências. A primeira delas é que a crítica legitimamente pode e deve avançar sobre o obscurantismo das ditas "verdades reveladas" — mesmo porque, para fundamentá-las, é preciso um processo de discriminação, de diferenciação, de racionalização, somente possível pela ação da crítica sistematicamente aplicada.

A religião sofre o primeiro e definitivo embate, as "Luzes" se projetam sobre o obscurantismo para desvelar sua fragilidade e, especialmente, sobre o misterioso, para colocar a descoberto e em questão seu único fundamento: o "princípio de autoridade". Mas as "Luzes" avançam também sobre o campo da política, convertendo-a em objeto de crítica, mesmo que no início só indiretamente. A segunda vítima deste processo foi o Despotismo Ilustrado:

> A execução dos propósitos morais estende-se necessariamente à política estatal e converte a moral, separada teoricamente da política, em um *políticum*. [...] Em seu programa maçônico, Lessing não pretende que a moral seja a política, mas sua consciência política leva-o a apreciar as conseqüências que uma atividade moral deve provocar no domínio da política. (Koselleck, 1999: 80)

Dessa maneira, a razão crítica que se constitui no século XVIII tem um objeto e um objetivo declarado, ou seja, a crítica moral, possibilitada pela ruptura entre moral e política, que vinha sendo gestada desde o início da Modernidade, e que encontra em *O príncipe*, de Maquiavel, sua explicitação mais clara. Escrita no ano 1513 e publicada em 1532, depois de sua morte, a obra relega a moral ao âmbito privado e libera a política por entendê-la como "razão de Estado". O exercício da política deve ser independente de valores transcendentes e não pode, por isso, estar vinculado a concepções teocráticas.

Sua crítica, nesse sentido, está especialmente dirigida à ética cristã que, por contraposição à ética estabelecida na Roma antiga, enaltece valores como a humildade, a abnegação, a contemplação e o rechaço aos bens da vida terrena, gerando uma ética que debilita a vontade do homem e, por isso, impede a fundação de uma sociedade livre e forte.

Essa separação entre moral e política, que se havia instalado no "Despotismo Ilustrado", torna possível a crítica moral e não necessariamente política; porém, ao colocar como objeto de avaliação moral toda conduta humana, incluída a dos soberanos, a política também fica sob os domínios da crítica. Para Koselleck, o objetivo não declarado e, portanto, "hipócrita" do Iluminismo é a intenção de abarcar o campo político, colocar-se acima dos soberanos e, finalmente, dominar o Estado. Esse processo se dá pelo surgimento, tanto na França como na Alemanha, das lojas maçônicas e da chamada "República das Letras" que, finalmente, começará a tomar conta de tudo.

O mesmo autor denomina "República das Letras" o espaço de liberdade imprescindível para o exercício da crítica, onde se separa explicitamente o domínio intelectual e seu direito de crítica de todos os outros domínios, incluindo o do Estado absolutista. Os iluministas faziam crítica literária, estética e histórica embora soubessem, de fato, que esse movimento não era apolítico e, cedo ou tarde, alcançaria ao próprio Estado.

> A crítica que submete tudo à sua lei estendeu-se à política, mas não renunciou à sua pretensão apolítica — quer dizer, racional, natural ou moral — que lhe garantia a prerrogativa da verdade. (Koselleck, 1999: 104)

Como veremos mais adiante, Kant faz parte desse movimento da Ilustração que coloca a "República das Letras" como uma instância capaz não só de julgar o mundo presente, senão de planejar o tempo futuro. Desse modo, organização jurídico-política e filosofia da história formam parte do mesmo processo. Elaborada no século XVIII, a filosofia da história, ao liberar a atividade da razão crítica, se desenvolve como uma idéia de caráter moral e político cujo fim é, como dissemos no início, planejar a história a partir de uma perspectiva utópica e universalista.

Assim, se a crítica, como principal atividade da razão, pode atribuir-se o direito de julgar e derrubar o que encontre pela frente como expressão do "irracional", é porque sua promessa está sustentada na possibilidade do descobrimento da "verdade" que é uma tarefa futura. Por esta promessa, os críticos mostram as crises do tempo presente, expõem os problemas que delas surgem, situam e sugerem as possíveis soluções no futuro. A razão crítica permite que o homem tome possessão de si mesmo, da natureza e do mundo que habita. O homem moderno está, ainda, muito longe de perceber os riscos que tal possessão poderia trazer, todavia o encantamento produzido pelo conhecimento é uma grande promessa de emancipação.

Não obstante, é este encantamento com o conhecimento científico o que acabará produzindo, pelo menos, duas tendências diferenciadas na filosofia da história moderna. Os matizes que diferenciam uma e outra tendência resultam de grande importância, tanto para a leitura crítica que se faz contemporaneamente da Modernidade, quanto para a elaboração de um projeto educacional.

Tais diferenças parecem residir essencialmente em duas questões: a) a interpretação das complexas relações que estabelece o homem —

subjetividade autônoma — com a natureza através do conhecimento e b) um certo determinismo em relação à idéia de progresso social identificado com progresso científico-técnico.

Na filosofia da história moderna, a relação com a natureza pode ser definida pela idéia de "domínio da natureza" ou pela idéia de "colaboração com ela" e com seus planos de desenvolvimento. O "domínio da natureza" está presente em uma filosofia da história que coloca o conhecimento científico como eixo e modelo da evolução social e que alcançará um desenvolvimento maior com o positivismo dos séculos XIX e XX. Um sujeito autônomo, capaz de dominar um mundo de objetos através do conhecimento, gera a ilusão de poder transferir esse mesmo domínio ao âmbito da moral e da política e assim, progresso social é identificado com progresso científico e técnico. É claro que essa operação teórica significa um reducionismo com relação a questões morais e políticas, cujo desenvolvimento não decorrerá "naturalmente" de tal desenvolvimento científico.

Essas duas questões antes mencionadas estão na origem de boa parte das críticas feitas ao projeto emancipatório da Modernidade. No próximo capítulo nos ocuparemos de uma dessas críticas que surge da primeira geração da Teoria Crítica da Sociedade.

Mas a idéia de "domínio", caracterizando a relação homem-natureza e a identificação de progresso social e progresso científico e técnico, também traz conseqüências importantes na definição de um projeto educacional. Sem pretender abordar, aqui, uma discussão de longa trajetória na teoria da educação, devemos dizer que, ao identificar progresso social e progresso da ciência e da técnica, se desenvolve uma concepção educacional, em que a tarefa principal da escola é a transmissão de conhecimento ou "instrução", entendendo que a questão da formação moral é uma conseqüência da difusão do conhecimento.

Nesse contexto, uma das expressões da filosofia da história na Modernidade é a obra de Condorcet denominada *Esquisse d'un tableau historique des progrès de l'esprit humain* (1794), que Habermas descreve em seu livro *Teoria da ação comunicativa*.[8]

---

8. Cf. Habermas (1999b: 200-202). Também Voltaire escreve nessa perspectiva o *Essai sur les moeurs* (1756) e *Philosofhie de l'histoire* (1765) (este último texto passa a ser, a partir de 1769, a introdução do *Essai...*).

Da mesma maneira que Kant, o filósofo francês sente-se "impressionado" pelos avanços da física e da matemática e, como Kant, vê nelas o modelo que deve seguir o conhecimento; mas, diferentemente do filósofo alemão, Condorcet identifica conhecimento científico e progresso social, fazendo, este último, conseqüência do primeiro. As características do pensamento de Condorcet, a respeito de uma filosofia da história, podem ser resumidas em quatro pontos:

> a) Interpreta o modelo de perfeição segundo o modelo de progresso científico;
> Perfeição é interpretada como progresso. [...] O conceito de progresso vai associado à idéia de aprendizagem. O espírito humano não deve seus progressos à aproximação a um telos, mas sim ao livre exercício de sua inteligência, ou seja, a um mecanismo de aprendizagem;
> b) O conceito de conhecimento desenvolvido segundo o modelo das ciências da natureza desqualifica, por assim dizer, de vez, as idéias religiosas, filosóficas, políticas e morais tradicionais. Frente ao poder dessa tradição, às ciências compete uma função ilustradora;
> c) O conceito de ilustração serve de ponte entre a idéia de progresso científico e a convicção de que as ciências podem servir também ao aperfeiçoamento moral do homem. A ilustração requer na luta contra os poderes tradicionais da Igreja e do Estado, a valentia de servir-se da própria inteligência, isto é, autonomia ou maioridade. (Habermas, 1999b: 201-202)

A fé no desenvolvimento metódico das ciências naturais se faz extensivo às ciências "morais e políticas" para as quais deve valer a mesma regularidade interna "necessária e constante" que rege o funcionamento das leis da natureza:

> d) Mas se a ilustração pode apoiar-se nas ciências humanas [...] cabe esperar progressos não só na moralidade dos indivíduos, mas também nas formas de convivência civilizada. O progresso da civilização é visto por Condorcet, a semelhança de Kant, na linha de uma república que garanta as liberdades civis, de uma organização internacional que assegure a paz perpétua, de uma sociedade que acelere o crescimento econômico e o progresso técnico e acabe com as desigualdades sociais ou ao menos as compense. (Ibid.: 203)

Como veremos, algumas dessas considerações podem fazer-se extensivas a Kant, que também está preocupado em definir os alcances do

Iluminismo e em encontrar uma ordem jurídica e política que garanta o progresso; contudo, as diferenças entre um e outro autor são importantes e, pelas críticas posteriores à Modernidade, plenas de conseqüências teóricas.

Em Condorcet, a identificação de progresso social com progresso científico e técnico conduz o filósofo francês a acentuar uma visão que coloca o eixo do desenvolvimento social e moral como conseqüência da produção, mas, sobretudo, da difusão do conhecimento científico, tendência teórica que encontrará sua máxima expressão com o positivismo do século XIX, e sobre a qual, de modo abrangente, se estabelecem as críticas ao caráter aporético da Modernidade.

Com efeito, em boa medida, a leitura crítica da primeira fase da Escola de Frankfurt, com relação à racionalidade, consiste em entender o desenvolvimento da racionalidade ocidental como racionalidade instrumental, identificando, em último termo, racionalidade científico-técnica e projeto moderno.

Preocupado em definir os alcances do Iluminismo e em encontrar uma ordem jurídica e política que garantisse o progresso, Kant elabora também uma filosofia da história, desta vez assentada, não sobre a produção e difusão do conhecimento científico, mas no "uso público" da razão.

Liberadas as potências da racionalidade, se irão produzir processos de mudança social que, embora ambíguos e conflituosos, permitirão alcançar a meta final de uma humanidade emancipada, autônoma, reconciliada. A paz entre os homens e entre estes e a natureza, a convivência solidária e as liberdades individuais estão contidas nas possibilidades de desenvolvimento da razão e numa filosofia da história, não só preocupada em definir os objetivos que devem ser alcançados, mas também em planejar o futuro e propiciar uma organização social e política que favoreça seu desenvolvimento. Daí o traço eminentemente político que destacamos.

Não obstante, o caráter ambíguo, complexo e conflituoso dos processos sociais se mantém pela possibilidade, sempre latente, da dissolução e do caos, motivo para que a intervenção humana seja, em alguns momentos, mera colaboração com os planos da natureza e, em outros, a única garantia de mudança e progresso. Talvez nada resuma melhor a causa dessa ambigüidade que a imagem que mostra o trânsito da "salvação à emancipação".

Dentro desse conceito de emancipação, a filosofia da história no século XVIII se debate entre duas instâncias igualmente caracterizadas pela mudança social: a de "reforma" e/ou a de "revolução", o que demonstra também a força e a instabilidade dos novos tempos.

É importante destacar que na filosofia da história moderna — especialmente na vertente kantiana — o conhecimento científico e a moral devem ser entendidos como duas expressões da mesma e única razão: a dimensão teorética permite o conhecimento e a dimensão prática, baseada na liberdade, permite a convivência e a responsabilidade dos homens na luta pela emancipação. Derrotar a ignorância converte-se numa tarefa inadiável em que conhecimento e moral conformam um mesmo movimento. Conhecer é uma condição necessária para decidir e, nesse sentido, o conhecimento está na base das escolhas racionais do homem e é, portanto, o que, ao fazê-lo livre, lhe permite esse espaço do não-condicionado. Mas conhecimento não é, em Kant, só conhecimento científico.

> Mas, além de todas as idéias da razão especulativa, a liberdade é a única da qual sabemos a priori a possibilidade, mesmo que não inteligível, pois é a condição da lei moral que sabemos. (Kant, 1973: 8)

O desenvolvimento do saber significa, para o sujeito, perda do medo ante o desconhecido e, especialmente, uma posição de privilégio no fazer histórico, por ele poder exercitar e pensar a "autonomia da vontade".

> [...] o homem pode escolher entre ser livre e ser determinado. [...] Está na natureza inteligível do homem, poder, por uma decisão, evadir-se dessa determinação, constituir-se como sujeito livre, recusar a paixão e querer somente a realização da lei moral, isto é, da universalidade. [...] Pode querer-se legislador e sujeito em um reino de finalidades tornadas possíveis pela autonomia da vontade. Ele também pode aceitar a determinação. (Chatelet, 1994: 101)

A "liberdade" abre para o homem a possibilidade do saber, ao mesmo tempo que permite conhecer as condições sob as quais os fenômenos naturais ocorrem. Poder transferir tais conhecimentos para o âmbito social abre para o homem a perspectiva de evolução, cujos limites dependem da própria razão. Kant pensa que não é possível dizer até onde pode chegar a humanidade quando realmente decida abandonar a "menoridade", porque a espécie irá acumulando saberes, em cujo processo de "aprendizagem" cada homem e cada sociedade ocupam um lugar. O próprio Kant está convencido de que na sua época já há indícios de "esclarecimento",[9] isto é, de "uso público da razão", cujo único juiz pode encontrar-se na "República das Letras", o avanço do saber permite ao homem deixar de ser menor e, em conseqüência, se autodeterminar.

Neste duplo caráter do conhecimento, instrumental, mas também moral em seu aspecto libertador das ataduras do obscurantismo e das tiranias, e na possibilidade de autodeterminação, está contido o projeto emancipatório do Iluminismo. As conseqüências do desenvolvimento dos saberes, na medida em que dão ao homem a possibilidade de ser dono de seu próprio destino sobre a Terra, também lhe permitem entender-se como membro da espécie, da sociedade e de uma comunidade que depende, em linhas gerais, de decisões conscientes de caráter político e ético.

3. Kant: da salvação à emancipação

Como dissemos, apesar de haver discussões a respeito, o próprio Habermas afirma que foi Kant quem elaborou os problemas de uma época histórica que nasce da decomposição das imagens do mundo que a religião e as tradições sustentavam, dando-lhes unidade.

> Ele separa do conhecimento teórico as faculdades da razão prática e do juízo e assenta cada uma delas sobre seus próprios fundamentos. Ao fundar a possibilidade do conhecimento objetivo, do discernimento moral e da avaliação estética, a razão crítica não só assegura suas próprias faculdades subjetivas e torna transparente a arquitetônica da razão, mas também assume o papel de um juiz supremo perante o todo da cultura. (Habermas, 2000b: 29)

---

9. Em Kant, esclarecimento é sinônimo de Iluminismo. As traduções, tanto portuguesas quanto espanholas, que consultamos, usam indistintamente um ou outro termo.

Immanuel Kant vai delimitando em suas obras fundamentais[10] o papel de uma razão crítica que se assume como "juiz diante do todo da cultura", colocando os limites do conhecimento e elaborando a moral, a partir de uma instância que mantém a unidade da razão, a subjetividade.

Essas percepções levam o filósofo de Königsberg a pensar sobre a "autonomia moral" e a "emancipação social", no único marco possível — o do Iluminismo —, e o conduzem, não sem tensões[11] e contradições, a elaborar uma filosofia buscando novos fundamentos para a evolução e o desenvolvimento da sociedade, para garantir a paz entre os homens e uma ordem que, por momentos, surge da própria natureza, mas que sempre deve à razão sua continuidade.

Kant analisa as idéias centrais do Iluminismo, e sua filosofia da história contém, às vezes, de maneira ambígua, uma idéia de progresso e de perfectibilidade da natureza humana, na qual encontra fundamento para a busca de uma ordem política e jurídica, ou melhor dizendo: são as condições de possibilidade de uma ordem política e jurídica que garantem a evolução da sociedade. Apesar das diferenças que o Iluminismo apresenta na Alemanha e na França, o pensamento kantiano está, também, inervado pelo espírito do século XVIII, marcado pela Revolução Francesa.

Participar, como homem de seu tempo, de uma filosofia da história progressista lhe permite pensar a "emancipação" como um trânsito ou um movimento que tornará possível o fim da menoridade e, portanto, da heteronomia. As conseqüências desse movimento são múltiplas e se expressam em uma nova época que Kant caracteriza, conferindo-lhe forma teórica ao definir o Iluminismo, mas, fundamentalmente, ao interrogar-se sobre as condições necessárias para seu desenvolvimento. Nessa pergunta, que volta com força na contemporaneidade, quando se torna visível, para o pensamento teórico, a necessidade de ultrapassar os limites da descrição, do diagnóstico das crises do presente e avançar, não apenas na explicação, mas também no intento de analisar a possibilidade de um pensamento emancipatório, pode-se resumir sua filosofia da história. Talvez, por causa disso, o pensamento kantiano seja uma fonte de referência.

---

10. *Crítica da razão pura* (1781), *Crítica da razão prática* (1787) e *Crítica do juízo* (1790).

11. Tomamos este conceito do livro de Ricardo Terra (1995: 9 e seg.).

Depois de indagar acerca dos alcances e dos limites da razão crítica (teorética, prática e estética), Kant explora a forma que "deve" ter esta razão crítica na história:

> Seja qual for o conceito que, também com um desígnio metafísico, se possa ter da liberdade da vontade, as suas manifestações, as ações humanas, são determinadas, bem como todos os outros eventos naturais, segundo as leis gerais da natureza. A história, que se ocupa da narração dessas manifestações, permite-nos, no entanto, esperar, por mais profundamente ocultas que se encontrem as suas causas, que, se ela considerar no seu conjunto, o jogo da liberdade da vontade humana, poderá nele descobrir um curso regular; e que assim o que, nos sujeitos singulares, se apresenta confuso e desordenado aos nossos olhos, se poderá, no entanto, conhecer, no conjunto da espécie, como um desenvolvimento contínuo, embora lento, das suas disposições originárias. (Kant, 1995: 21)

Com este texto, Kant começa sua reflexão sobre a possibilidade de uma História Universal. Nela "distingue claramente a 'história (*Histoire*) propriamente dita, composta apenas empiricamente' da 'história do mundo (*Welgeschichte*) que, de certo modo, tem um fio condutor *a priori*'" (Lebrun, apud Terra, 1979: 156).

> [...] a filosofia da história busca e afirma um sentido para o devir. Ela é o projeto de redigir uma história (*Geschichte*) segundo uma idéia de como deveria ser o curso do mundo, se ele fosse adequado a certos fins racionais. (Kant, apud Terra, 1979: 156)

No texto anteriormente citado, a emancipação está inscrita nos planos gerais da natureza e neles o uso da razão é uma disposição natural do homem que o leva, desde a animalidade que comparte com o resto das espécies, à necessidade de dominá-la para encontrar a felicidade.

> No homem (como única criatura racional sobre a terra), as disposições naturais que visam o uso da sua razão devem desenvolver-se integralmente só na espécie, e não no indivíduo. A razão numa criatura é uma faculdade de ampliar as regras e intenções do uso de todas as suas forças muito além do instinto natural, e não conhece limite algum para os seus projetos. (Kant, 1995: 23)

Conhecer como a emancipação é possível resulta necessário para produzi-la, a fim de intervir conscientemente e planejar a história, não mais a história de seu tempo e de seu lugar geográfico, senão uma história de caráter universal e cosmopolita, na qual a humanidade, e não um homem em particular, irá alcançando progressivamente a emancipação. Como, ou de que maneira, consegui-la e colaborar para que se realize são preocupações dos iluministas e de Kant em particular que, ao longo de sua obra, vai perfilando respostas para essas indagações. Numa filosofia da história progressista, elucidar as condições de possibilidade da emancipação é uma precondição de sua realização, daí a importância da razão crítica que, neste sentido, se torna razão emancipatória.

O homem moderno parece estar obrigado a viver e a atuar sem o amparo de uma concepção unitária do mundo que a religião assegurou em épocas anteriores, garantindo o sentido da vida individual e social. É a filosofia da história que, na Modernidade, pretende assumir essa missão. Para Kant, é a razão crítica que se pode colocar como um fator de unidade, mesmo dividida em seus diferentes usos; já para Hegel, a "subjetividade dilacerada" não consegue substituir a religião em sua função de outorgar sentidos e produzir integração social, motivo pelo qual ele tenta resolver o problema, saindo da subjetividade e colocando na "razão ou espírito absoluto" o novo fator de unidade.

Contudo, a Modernidade nasce, ao mesmo tempo, como afirmação e crítica de si mesma. Seu caráter evolutivo e transitório surge desta condição, pois a ruptura com os modelos do passado põe a Modernidade diante da necessidade de se autolegitimar. Também nasce, portanto, carregada de ambigüidades que não têm sido suficientemente examinadas por aqueles que criticam a razão moderna, entendendo sua dimensão teórica como a totalidade da razão.

Em *Idéia de uma história universal com um propósito cosmopolita*, "Natureza" é um conceito em si autônomo, que tem seu próprio plano geral de evolução da história e é, ao mesmo tempo, um modelo a seguir. Kant utiliza exemplos que assimilam a retidão da conduta moral com a influência de um tutor ou da sociedade sobre o homem, como uma árvore que cresce não isolada, mas num bosque. A árvore que cresce no bosque tem a necessidade de erguer-se e buscar o sol e a luz nas alturas; a que cresce isolada e sem direção externa o faz sem forma definida. Muitos pedagogos modernos usarão essas imagens para justificar a necessidade da educação, pois ela aponta em que direção é possível e desejável mover-se mais livremente de acordo com os planos da natureza.

> Só dentro da cerca que é a constituição civil é que essas mesmas inclinações produzem o melhor resultado — tal como as árvores num bosque [...]. (Kant, 1995: 28)

Não contrariar os planos da natureza, mas colaborar com eles, favorece o caminho rumo à independência do sujeito e à emancipação da sociedade. Kant entende que os planos civilizadores de uma racionalidade que libera o homem das ataduras do medo e do autoritarismo estão em consonância e contidos no devir natural.

> Natureza e história não estão em conflito, a natureza não é vista aqui como uma necessidade cega nem a história como uma criação sem fundamento. O sentido da história é algo de possível e de ideal e "sob ambos os aspectos é algo de não necessário, de não incondicionado, de realizável sob certas condições". Essas condições são o que Kant indica com o termo natureza. (Terra, 1995: 159)[12]

Produzir conhecimento não é dominar uma natureza que resiste, mas aumentar o conhecimento de uma natureza ordenada e progressiva, que se desenvolve a si mesma e que visa, claramente, a um fim: o da harmonia universal, uma vez que está nos "planos da natureza" que a espécie chegue a um desenvolvimento completo. O fim que a natureza apresenta como propósito supremo (é) um estado de cidadania mundial como o seio em que se desenvolverão todas as disposições originárias do gênero humano. Conceber uma "história mundial, segundo um plano da Natureza, em vista da perfeita associação civil no gênero humano, deve considerar-se não só como possível, mas também como fomentando esse propósito da Natureza" (Kant, 1995: 35).

Em seu livro *A política tensa*, Ricardo Terra afirma que o conceito "estado de natureza" tem ao menos três perspectivas diferentes ao longo da obra de Kant:

---

12. Chiodi, P., apud Terra, R. "La filosofia kantiana della storia". *Rivista de Filosofia* (58), 1967: 280.

Uma "antropológica", baseada em relatos de observação dos selvagens. Outra, [...] a perspectiva "político-jurídica", o estado de natureza como idéia. Finalmente uma terceira, vinculada à filosofia da história, onde a passagem do estado de natureza para o estado civil será pensada de maneira diferente, o antagonismo aí desempenhando papel fundamental. (Terra, 1995: 34)

O conceito "estado de natureza", entendido dentro do contexto de uma filosofia da história, serve para fazer uma crítica à sociedade em um sentido rousseauniano e, ao mesmo tempo, presta-se como "ideal de vida", sem por isso afirmar que os dois filósofos estejam pensando em voltar a uma vida selvagem, mas sim a uma vida mais modesta e simples como a que poderia surgir se a natureza fosse o modelo. O próprio Kant, porém, se ocupa de mostrar as suas diferenças com Rousseau: "(ele) procede sinteticamente e começa do homem natural; eu procedo analiticamente e começo do civilizado". (Kant, apud Terra, 1995: 30)

Já em um sentido político-jurídico, o estado de natureza é analisado negativamente como ausência de direito, estado de guerra, ou ausência de justiça e, portanto, como um estado que deve necessariamente ser superado. Tanto na filosofia kantiana quanto na de Rousseau, a relação entre liberdade e lei se resolve da mesma maneira, sendo o homem quem coloca a si mesmo a lei e a respeita. Kant dirá que o homem abandona a liberdade selvagem e a reencontra no estado jurídico.

Parece necessário, então, analisar mais especificamente a relação entre liberdade e uso público da razão que, em suma, é uma das coordenadas pelas quais passa sua filosofia da história.

No texto "Resposta à pergunta: que é o Iluminismo?", de 1784, Kant se preocupa em desentranhar quais são as características desse novo movimento histórico-filosófico.

> [...] sempre haverá alguns que pensam por si, mesmo entre os tutores estabelecidos da grande massa que, após terem arrojado de si o jugo da menoridade, espalharão à sua volta o espírito de uma avaliação racional do próprio valor e da vocação de cada homem para por si mesmo pensar. (Kant, 1995: 12)
> [O Iluminismo] é a saída do homem da sua menoridade [...] a menoridade é a incapacidade de se servir do entendimento sem a orientação de

outrem. [...] Tem a coragem de te servires de teu próprio entendimento! Eis a palavra de ordem do Iluminismo. (Ibid.: 11)

Pode-se interpretar que a menoridade é um estado inicial, incompleto, de não-plenitude, no qual o homem contemporâneo de Kant se encontra, mas, ao mesmo tempo, é um estado transitório, que pode e de fato vai ser superado, pois o momento histórico pré-revolucionário já mostra "indícios" de que os homens possam "atuar livremente, e diminuam pouco a pouco os obstáculos à ilustração geral [...]" (Kant, 1995: 17).

A causa da qual se origina a "menoridade" reside na própria opção do homem de não "pensar" ou de delegar aos outros, por "preguiça" e "covardia", sua liberdade: "É tão cômodo ser menor". Não obstante, como dissemos, o estado de menoridade não pode ser permanente. É "possível", ainda mais, "é quase inevitável", que os homens se esclareçam a si mesmos, se para isso lhes foi dada a liberdade. Neste sentido, liberdade e esclarecimento são inseparáveis, é ela que possibilita sair da menoridade, mesmo que este processo sempre gere medo.

Liberar-se das cadeias que impõem essencialmente a religião e converter-se em um sujeito autônomo é possível pelo "uso público da razão", que não admite limitações, pois a liberdade é total na "República das Letras". Nela, a instância máxima é a própria crítica e, apesar de as condições políticas (o Estado Absolutista) estarem envolvidas em luta renhida com a liberdade e nem sempre a permitam, no campo do intelecto, não há como parar este processo que avançará inevitavelmente até abarcar o âmbito político, como já vimos.

Em 1781, no Prefácio à crítica de razão pura, Immanuel Kant exprimiu claramente os direitos soberanos da crítica em relação ao Estado: "Nossa época é a verdadeira época da crítica, a que tudo deve se submeter. A religião, pela sua santidade, e a legislação, pela sua majestade, querem em geral subtrair-se a ela. Então suscitam contra si a justa suspeita e não podem reivindicar o sincero respeito que a razão só concede àquele que pôde suportar seu exame livre e público".[13]

---

13. Koselleck (1999: 107). O autor destaca que "A observação falta — após a morte de Frederico, o Grande — no prefácio à segunda edição de 1787".

Como expressa Kant, a humanidade, pela sua própria responsabilidade, continua esperando as normas dos que assumem sua tutela, ou seja, dos governantes e da Igreja, a quem o filósofo alemão dirige as principais críticas.

Não vivemos em uma época esclarecida, disse Kant, cinco anos antes que ocorresse a Revolução Francesa, mas vivemos em uma época de Iluminismo. Quando os homens souberem usar seu entendimento sem a direção de outros, então estaremos saindo da menoridade; em outras palavras, o homem estará saindo da heteronomia e entrando em um estado de autodeterminação. Este é um processo de emancipação das sombras impostas pela religião e pelo poder dos príncipes, que querem apenas ser obedecidos, isto é, não aspiram *a* e nem precisam *da* legitimidade em seu mandato, mas apenas da subordinação que a autoridade outorgada pela tradição ou a herança lhe proporcionam. Por isso, o Iluminismo vê de modo esperançoso o fim da submissão como conseqüência do desenvolvimento da razão, que só será possível pelo uso público que dela façam os *eruditos*. Tudo o que atenda ao uso privado da razão, mesmo quando possa ser proibido, não incide diretamente sobre o curso que tome o Iluminismo.

> Mas qual é a restrição que se opõe ao Iluminismo? Qual a restrição que não o impede, mas antes o fomenta? Respondo: o uso público da própria razão deve sempre ser livre e só ele pode levar a cabo a ilustração [...] por uso público da própria razão entendo aquele que qualquer um, enquanto erudito, dela faz perante o grande público do mundo letrado. (Kant, 1995: 13)

A idéia dominante desses parágrafos é que começa uma nova época em que o timão será comandado pela razão do homem, que lhe garante capacidade e direito de dar-se a si mesmo à lei e respeitá-la. Em sentido jurídico-político, é isso que se define como autonomia. No entanto, esse é um processo lento, que está ainda incipiente e do qual há apenas indícios. Ao mesmo tempo, é um processo que não pode ser detido, apesar de ser conflituoso e, às vezes, contraditório. No final das contas, ele haverá de se impor, pois "é inevitável que a humanidade a si mesma se esclareça, se para isso lhe foi dada a liberdade" (ibid.: 12).

Este processo histórico, caracterizado pelo espírito pré-revolucionário, abarca desde o fim das cosmovisões unitárias e místicas do mundo até a possibilidade de uma história universal e cosmopolita, que compreende todos os homens e todas as culturas resultando na instauração de uma constituição civil.

> O maior problema do gênero humano, a cuja solução a Natureza o força, é a consecução de uma sociedade civil que administre o direito em geral. [...] por isso, uma sociedade em que a liberdade sob leis exteriores se encontra unida, no maior grau possível, com o poder irresistível, isto é, uma constituição civil perfeitamente justa, que deve constituir para o gênero humano a mais elevada tarefa da Natureza; porque só mediante a solução e o cumprimento de semelhante tarefa pode a Natureza levar a cabo os seus restantes intentos relativos à nossa espécie. (Kant, 1995: 27)

Entretanto, a razão não se desenvolve instintivamente, ela precisa de um processo externo de estímulo sobre o sujeito, exercido pela ação da família, dos adultos e da sociedade em seu conjunto. Em outros termos, a razão se desenvolve pela educação. Ela completa a natureza humana que não consegue, no indivíduo, se desenvolver por si.

Esta aparente incapacidade da espécie humana em relação aos animais não é mais que a complexidade de uma espécie, cuja sociabilidade é também altamente complexa. Por essa causa, o processo educacional é vital para que os homens possam sair da tutela a que estão submetidos e passem a exercitar sua autonomia. Autonomia, emancipação e formação constituem o eixo sobre o qual se assenta o pensamento político-pedagógico moderno.

Esta inter-relação é analisada por Kant em um breve tratado sobre educação e pedagogia, denominado *Sobre Pedagogia* (*Über Pädagogik*), no qual expressamente dá conta de como o processo educativo (exclusivamente humano) é responsável pela transformação, pelo aperfeiçoamento e completamento a que podemos chegar quando adultos: "Um homem não pode tornar-se um verdadeiro homem senão pela educação. Ele é aquilo que a educação dele faz" (Kant, 1996: 15).[14]

---

14. Segundo consta no prefácio da edição brasileira, foram aulas proferidas entre os anos 1776-77, 1783-84 e 1786-87. Está dividido em três partes: uma Introdução, em que expõe os princípios gerais da educação, uma segunda parte, dedicada à Educação física, e a última, dedicada à Educação moral ou prática. Em versão espanhola, *Sobre Pedagogía*. Tradução de Lorenzo Luzuriaga. Biblioteca Virtual Miguel de Cervantes, 1999.

Em outras palavras, a educação é o processo que promove e desenvolve aquilo que o homem tem de essencialmente humano: a razão e com ela a autonomia. Pela educação o sujeito pode converter-se em alguém capaz de se autodeterminar, ou seja, um sujeito capaz de usar seu intelecto sem a direção imposta por outros.

Nesse breve tratado, o filósofo confere à educação a maior importância para o desenvolvimento da individualidade, que se deve fazer em consonância com o desenvolvimento da sociedade, uma vez que entre ambos não pode haver contradições, pois o homem, ao se desenvolver plenamente, leva ao mesmo tempo, a sociedade em que vive a progredir, ainda que esse processo esteja carregado de conflitos.

Na trajetória seguida pela teoria da educação desde o século XVII, o tema tem sido profusamente tratado. Fazer coincidir os interesses individuais com os sociais e comunitários é uma problemática que surge do próprio caráter crítico e transitório da Modernidade, e que, como tal, está muito presente na teoria da educação da época.

Na introdução das lições *Über Pädagogik*, Kant afirma que a educação compreende dois momentos: a *Disciplina*, negativa, que atua sobre os instintos, sobre a animalidade que está presente na natureza humana, e a *Instrução*, parte positiva identificada com a cultura.

Como faz a maioria dos pedagogos da época, Kant serve-se de comparações com mundo natural para insistir sobre a necessidade da educação. Coteja os animais com o homem e afirma que aqueles têm uma bagagem instintiva que lhes permite sobreviver quase sem cuidados externos, desde o nascimento, e que, ainda, na assombrosa diversidade de espécies se encontra sempre esta capacidade de sobrevivência, que a própria natureza lhes proporciona, desenvolvida desde os primeiros momentos da vida. No caso do homem, o processo é completamente diferente: ele é uma criatura que requer os maiores cuidados desde o nascimento e, mesmo que esteja dotado de grandes potencialidades, elas devem ser desenvolvidas mediante a educação.

> O homem é a única criatura que precisa ser educada. Por educação entende-se o cuidado de sua infância (a conservação, o trato), a disciplina e a instrução com a formação. (Kant, 1996: 11)

A concepção otimista de Kant sobre a natureza racional do homem, que se expressa nos textos que estamos analisando,[15] lhe permite pensar o *futuro* e o *progresso* da humanidade como um processo de desenvolvimento e acréscimo de capacidades que já estão potencialmente presentes: "A única causa do mal consiste em não submeter a natureza a normas. No homem não há germes, senão para o bem". (Ibid.: 24)

Em uma conferência denominada "Da Pressão Disciplinada à Obrigação Moral: Esboço sobre o significado e o papel da pedagogia no pensamento de Kant",[16] Dalbosco defende a hipótese seguinte: que a importância que Kant outorga à educação não se fundamenta só em motivos histórico-políticos;

> senão também e, fundamentalmente, por razões de ordem sistemática, conectadas com exigências internas de esclarecimento de sua própria filosofia prática. Dito de forma direta, sustento a hipótese de que Kant vê na educação uma das formas de realização de sua filosofia prática [...]. (Dalbosco, 2004)

E acrescenta:

> Nas preleções (Sobre Pedagogia) o conceito de disciplina e a educação como idéia são duas indicações claras no sentido de mostrar como a pedagogia é uma das formas de realização da filosofia prática. Os conceitos de pressão (*Zwang*) e, associado a ele, de disciplina (*Disziplin*) desempenham um papel central na teoria kantiana da educação. (Ibid.)

Com efeito, o fim da pedagogia kantiana visa à moralização da ação humana, e conseguir esse fim requer uma tarefa que concilie a necessidade da "pressão" externa com a liberdade do sujeito.

> Neste contexto, não há dúvida de que o que interessa a Kant é a pressão moral, pois ela significa um passo decisivo para o ideal educativo da moralização. A pressão moral deve preparar a passagem de um tipo de ação baseada na pressão para agir mediante regras menores, que é a ação

---

15. Cf. Kant (1996); ver também "Resposta à pergunta que é o Iluminismo e Idéia de uma história universal com um propósito cosmopolita". Op. cit., 1995.

16. Revista *Educação & Sociedade*, n. 89, v. 25, 2004, p. 1333-1358.

orientada pela disciplina, para um outro tipo de ação orientada pelo respeito pela lei moral, ação essa que só pode ser exercida por uma vontade livre que é racionalmente obrigada a agir de acordo com a lei moral. Esta última só pode ser levada adiante pela vontade de um sujeito capaz de pensar por conta própria, portanto, por uma vontade autônoma. (Ibid.)

Os pressupostos em que se sustenta a educação na Modernidade e, neste caso, Kant, são essencialmente três:

a) A idéia de perfectibilidade da natureza humana:

Normalmente os homens não tinham idéia alguma da perfeição de que a natureza humana é capaz. Nós mesmos ainda não a temos em toda a sua pureza. [...] Esta finalidade, pois, não pode ser atingida pelo homem singular, mas unicamente pela espécie humana. (Kant, 1996: 19)

Resumindo, pode-se afirmar que as idéias, no sentido atribuído por Kant, não podem ser entendidas nem como uma utopia e muito menos como uma mera ilusão. Elas são, isto sim, conceitos racionais necessários, que, embora não possuam um papel constitutivo de conhecimento, assumem uma função reguladora central. Tal é o significado atribuído por Kant à idéia de perfectibilidade no contexto da *Über Pädagogik*. Kant define à idéia aí como "o conceito de uma perfeição ainda não encontrada na experiência" (Päd, IX, 444). (Dalbosco, 2004)

b) A fé no progresso da humanidade:

A educação é uma arte, cuja prática necessita ser aperfeiçoada por várias gerações. Cada geração, de posse dos conhecimentos das gerações precedentes, está sempre melhor aparelhada para exercer uma educação que desenvolva todas as disposições naturais na justa proporção e de conformidade com a finalidade daquelas, e, assim, guie toda a humana espécie a seu destino. (Kant, 1996: 19)

Pois, embora "uma geração eduque a outra", a nova geração tem sempre o dever de ser melhor do que a precedente e de ir além dela. Assim se explica a presença do conceito de progresso no contexto educacional kantiano, isto é, como idéia de que a natureza humana, racionalmente bem formada, caminha, paulatinamente, para a perfectibilidade da humanidade, a qual exige, de imediato, a formação do caráter. (Dalbosco, 2004)

c) Uma história universal na qual o futuro será melhor que o presente:

> Um princípio de pedagogia, o qual principalmente os homens que propõem planos para a arte de educar deveriam ter ante os olhos, é: não se devem educar as crianças segundo o presente estado da espécie humana, mas segundo um estado melhor, possível no futuro, isto é, segundo a idéia de humanidade e de sua inteira destinação. Este princípio é da máxima importância. (Kant, 1996: 22-23)

Através destas três definições — e de outras menos pertinentes para o nosso trabalho — Kant revela sua confiança de que o homem alcançará a maioridade, mudando as normas impostas, mágica ou autoritariamente, e colocando a si mesmo suas próprias leis. Por isso, a educação deve ser "raciocinada", pois assim permitirá o acúmulo de cultura e a transmissão de uma geração à seguinte, raciocinada e planejada com vistas ao progresso contínuo de toda a humanidade.

As expressões que mais freqüentemente encontramos neste texto são, sem dúvida, desenvolvimento, acrescentamento, idéia de transição de uma situação presente a uma futura ainda melhor. História universal, progresso ascendente, melhoramento e plenificação constituem a utopia de uma humanidade racional e, portanto, livre. Em vista disso, "a educação [...] é o maior e o mais árduo problema que pode ser proposto aos homens" (Kant, 1996: 20).

A partir desses traços básicos, Kant se envolve numa série de reflexões sobre como se deve educar o corpo e a moral em função de uma idéia de "dever" que não vem da metafísica, nem pode ser imposta pela religião, mas das normas que os próprios homens se impõem em função de uma convivência organizada e com vistas a uma "cidadania universal". Assim, por exemplo, Kant afirma que a educação moral de uma criança tem como objetivo a formação de uma "vontade autônoma" que, só depois de ser adquirida, deve remeter-se a Deus. A teologia, continua o filósofo, virá depois da educação moral. O objetivo fundamental é emancipar-se da imposição externa e dar-se sua própria lei.

> A lei considerada em nós se chama consciência. A consciência é de fato a referência das nossas ações a esta lei. [...] Se a religião não vem acompa-

nhada pela consciência moral, permanece ineficaz. A religião sem a consciência moral é um culto supersticioso. (Ibid.: 107)

O conceito de "dever", a idéia de progresso, no contexto de uma filosofia da história, lhe permite fundar a educação normativa que conhecemos. Kant expressa uma concepção de "como deve ser" a educação para se chegar a um sujeito autônomo e a uma sociedade livre e emancipada. O "dever ser" da educação, e isto é o mais importante, se estabelece em um contexto mais amplo, contido em uma idéia de progresso social, perfectibilidade humana e unidade da história.

A partir daqui se entende a legitimidade do "dever ser" como norma. Kant está pensando em avanços progressivos que, com a contribuição de cada indivíduo e com o desenvolvimento de suas disposições naturais, levarão, finalmente, ao "desenvolvimento integral da espécie". O filósofo entende por "desenvolvimento" o exercício da "liberdade da vontade" que leva o sujeito a controlar, pelo uso de sua razão e livremente, a parte animal de sua natureza e os instintos.

É interessante ver como, em função da idéia de equilíbrio entre uma natureza instintiva e uma razão natural, Kant elabora o conceito de "sociabilidade insociável"; no homem estão presentes as duas tendências: ele quer estar com outros, ele precisa conviver em sociedade, mas, ao mesmo tempo, resiste, torna-se antagônico e dominador, e essa tendência "ameaça com dissolver constantemente a sociedade".

> Ora é esta resistência que desperta todas as forças do homem e o induz a vencer a inclinação para a preguiça e, movido pela ânsia das honras, do poder ou da posse, para obter uma posição entre os seus congêneres, que ele não pode suportar, mas de que também não pode prescindir. (Kant, 1995: 26)

Nesta dupla tendência do homem, Kant vê, positivamente, o motor da evolução social, bem como a necessidade de uma "constituição civil" que garanta a convivência não apenas no interior de cada uma das sociedades, mas entre os diferentes Estados. Paralelamente vê, também, a necessidade de educar visando ao respeito da sociabilidade e da lei, pois só dentro da lei o homem se desenvolve plenamente. A sociedade emancipada será aquela na qual o lugar do Senhor ou de um clérigo é ocupado pela "constituição civil".

A idéia de uma "cidadania universal" coroa o processo de civilização em que o Iluminismo confia, porém, mesmo que o respeito à lei, à cidadania universal e à própria história da humanidade estejam "nos planos ocultos da Natureza", o exercício e o desenvolvimento da racionalidade, da liberdade do homem — para submeter-se à lei — podem e devem ser fomentados para colaborar com os planos da Natureza e para que estes planos se realizem na "Terra".

Neste ponto, parece-nos que o processo educacional encontra sua plena justificação, pois ele fomenta e contribui, ajuda e acelera a realizar a utopia de uma "cidadania universal", na qual o uso público da razão leva o homem ao autogoverno.

O projeto de fazer coincidir os interesses individuais e os sociais, a natureza — ao mesmo tempo, sociável e insociável do homem — e, ainda, a coordenação entre a liberdade e a lei levou os filósofos mais proeminentes da Modernidade a pensarem nas condições e nas possibilidades de uma organização social que fosse se desenvolvendo progressivamente para garantir a evolução da sociedade rumo ao esclarecimento para além dos conflitos, necessariamente, farão parte desse processo.

> Um dos maiores problemas da educação é o de poder conciliar a submissão ao constrangimento das leis com o exercício da liberdade. Na verdade o constrangimento é necessário! (Kant, 1996: 34)[17]

Esse movimento em direção à liberação é próprio de uma razão crítica que, ao mesmo tempo que começa a desprender-se de ranços metafísicos, também compreende a responsabilidade que lhe cabe num mundo no qual se gestava a Revolução Francesa, que acabou com o Despotismo Ilustrado.

A partir daqui, parece imprescindível trabalhar sobre os fundamentos de uma ordem política e jurídica para a sociedade, pois a ruptura com as tradições e com o instituído torna necessário pensar em uma organização que garanta a sobrevivência e o desenvolvimento da sociedade. O fundamento pelo qual é possível pensar em uma ordem social

---

17. Claúdio Dalbosco, no artigo supracitado, fundamenta o uso do termo "pressão" em lugar de constrangimento ou de coação ao traduzir a palavra *Zwang* do alemão, e o coloca como nexo entre dois momentos diferentes da formação moral.

que não se remeta, numa primeira instância, à autoridade é a razão do homem, ainda não desenvolvida em todas as suas possibilidades, segundo Kant.

Torna-se óbvio, enfim, que, neste contexto teórico em que nasce a educação moderna, *autonomia do homem, emancipação da sociedade* e *formação* passarão a ser conceitos inseparáveis. Faremos algumas considerações a esse respeito dentro deste panorama de uma Modernidade autonomizada.

4. Algumas outras considerações sobre educação

Dizíamos que a Modernidade se caracteriza por ser uma época de inovação, de transição, de novos sentidos elaborados a partir de um "tempo presente" que se desliga do passado, por entender que já não pode fundamentar-se nas concepções de mundo que imperavam nas sociedades tradicionais. Esse novo tempo, dinâmico e sempre cambiante, deve assegurar, por um lado, a apropriação da cultura que, sob um processo generalizado de crítica, vai passando pelo crivo da própria Modernidade e, por outro, garantir uma nova ordem jurídica e política que não detenha, mas estimule a expansão das luzes da razão. A pergunta que possibilita nortear nossa reflexão poderia ser: qual é a diferença entre a educação moderna e a educação das sociedades tradicionais?

Poderíamos começar dizendo que a diferença consiste na confiança que a educação moderna deposita no desenvolvimento da razão e em seu papel emancipatório, que adquirirá, na filosofia da história, um caráter utópico e universalista. A razão é patrimônio de todos os homens e a sociedade, já suficientemente complexa, não pode constituir-se sem a participação da subjetividade autônoma; era necessário, portanto, instituir um processo de expansão e desenvolvimento universal da razão. Sob o parâmetro desta universalidade se identifica a humanidade em trânsito rumo ao esclarecimento.

Formar um sujeito para a "autonomia" é formá-lo para que elabore suas próprias leis e as respeite. É preciso entender, primeiramente, o valor da lei moral capaz de possibilitar a convivência e a evolução social para, posteriormente, internalizá-la; isso significa que o processo educativo é essencialmente um processo emancipatório. A educação moderna é diferente, em virtude da subjetividade que constrói a ordem social. A difusão do saber metodicamente elaborado (cujas conseqüências se traduziriam tanto no âmbito da evolução moral quanto no da convivência) responde à necessidade de intervir em favor da construção de uma sociedade que evolui e "integra" todos os homens nessa evolução.

O conceito de "autonomia", tanto do ponto de vista filosófico quanto do jurídico-político, contém a transição das sociedades tradicionais para as modernas ou, como já vimos, marca a diferença entre homens que esperavam passivamente a "salvação" e os que têm de construir sua própria "emancipação".

Se quiséssemos radicalizar esta colocação, diríamos que sem educação — entendida como processo sistemático de difusão do saber e formação moral — não há Modernidade, pois não há subjetividade autônoma. Conseqüentemente, a necessidade de refletir sobre *O quê*, *Para que* e *Como* transmitir esses saberes remete à questão da legitimidade, da autocertificação de um tempo que só está seguro de sua transitoriedade. A educação favorece a inovação, constitui a autonomia e, por isso, é parte inseparável de uma época que aspira a encontrar seus próprios modelos e critérios de orientação.

É óbvio que, em Kant, os escritos sobre educação não têm a mesma relevância que suas sistematizações sobre os limites da razão, feitas em suas obras fundamentais. No entanto, uma vez que se coloca a subjetividade autônoma e a crítica sem limites pelo uso público da razão e, através delas, se atenta contra formas de organização social e política fundadas no obscurantismo, é lógico preocupar-se com a difusão das luzes da razão a todos os homens, pois, afinal, elas são a garantia do progresso. Nesse sentido, a Modernidade entendeu a educação como um fato eminentemente político.

Desse modo, a questão educacional na Modernidade é uma variável constitutiva da subjetividade autônoma, pois quando tudo pode cair sob efeitos da crítica e a organização social começa a depender da razão, a questão da "formação" do homem não é um tema menor. Se, em última instância, existe confiança na natureza humana e esta confiança não for ingênua, a emancipação tem que ser construída — até mesmo para colaborar com os planos da natureza é preciso "formar" o homem.

Num mundo que se torna cada vez mais complexo, provocando fissuras nos cimentos do instituído, a educação sistemática de caráter político e ético é uma necessidade surgida da própria evolução social. Nas sociedades complexas, as respostas aos problemas vitais e sociais já não são evidentes por si mesmas, sobretudo quando se tem em conta que, para um mesmo problema, podem existir várias respostas possíveis e que visões de mundo diferenciadas disputam hegemonia com propostas ora temidas, ora desejadas. A difusão do saber, através de um processo de instrução e "formação", isto é, de um processo que abarque tanto a difusão do conhecimento quanto da moral, é garantia de novas formas de integração social e de convivência, tal como está expresso na filosofia da história moderna.

Enquanto nas sociedades tradicionais a garantia da convivência estava na interpretação unitária do mundo, a Modernidade precisa gerenciar sua própria forma de convivência e integração social. Educar será dotar de autonomia o sujeito que, finalmente, será o soberano. É numa educação entendida como instrução e formação que reside o próprio processo de esclarecimento da sociedade. E nessa mesma filosofia da história, referenciada no futuro e de índole universalista, que o caráter utópico e universalista da educação moderna encontra seu fundamento. Assim colocado, o processo educacional participa da transformação que acontece e acontecerá nas sociedades sob o império da razão. Dito de outra forma, a sociedade precisa ser conservada, mas, acima de tudo, precisa liberar as enormes potências que surgem da associação entre liberdade e razão.

Assim, o sistema educacional está destinado à transmissão de saberes para a conservação da espécie e da sociedade, mas, também, e especialmente, está destinado à transformação da sociedade, à civilização, à inovação, enfim, como diz o próprio Kant, destinado a colaborar com a construção de um mundo novo ou, mais precisamente, de uma nova ordem mundial. É, pois, nesse sentido que dizemos que a educação moderna é constitutiva do projeto emancipatório do Iluminismo. Se nas sociedades tradicionais educação e conservação da sociedade mantiveram uma relação estável, na Modernidade a relação se estabelece entre educação e emancipação como um processo em andamento.

A partir desse momento, educar para a autonomia do sujeito parece ser a conseqüência lógica de uma época que está consciente de sua transitoriedade rumo a formas de esclarecimento cada vez mais amplas, mas que, ao mesmo tempo, percebe a responsabilidade que lhe cabe na conquista desse objetivo.

Para concluir, diremos que essa caracterização da Modernidade e de sua filosofia da história tentou mostrar como ela resolveu os problemas de legitimação e normatividade decorrentes do fato de ela se perceber como um tempo novo. Restaurar alguns ideais da Modernidade será repensar os problemas de legitimidade que nossa época coloca e os problemas que daí derivam para a "autonomia" em geral e a educação em particular. Apesar disso, o sucesso dependerá da possibilidade de recuperação de um projeto emancipatório na contemporaneidade.

Se razão e emancipação são inseparáveis na Modernidade, analisar simplesmente a possibilidade de um projeto emancipatório implica reconstruir a complexidade da razão, ou seja, repensar a possibilidade de uma razão crítico-emancipatória na contemporaneidade.

No entanto, as críticas à racionalidade ocidental e à racionalidade moderna provenientes de distintas vertentes teóricas impactaram o discurso pedagógico, restando legitimidade à relação educação-emancipação que tanto tinha caracterizado a educação moderna. Por isso, abrimos um espaço para expor e analisar os principais argumentos de uma filosofia que examina, de um ponto de vista crítico, as contradições e aporias em que teria incorrido o projeto moderno, aporias essas que, a nosso ver, derivam na dificuldade de reclamar para a educação um papel, tanto nos processos de emancipação social quanto nos da formação da identidade do sujeito.

No próximo capítulo, desenvolveremos alguns dos conceitos básicos elaborados pela primeira fase da Teoria Crítica da Sociedade a respeito da racionalidade e suas conseqüências no âmbito pedagógico.

Capítulo II

Horkheimer e Adorno: razão, crítica e emancipação

1. Justificativa

A Modernidade, como novo tempo histórico, se estruturou a partir da crítica ao pensamento mítico, às tradições e às religiões e, à medida que avançava, configurando esse novo tempo, ela insistiu em sua vocação de esclarecer os princípios e os fundamentos sobre os quais se assentaria. A razão, com seus limites, torna-se razão histórica e, a partir da idéia de uma subjetividade autônoma, vai construindo um projeto emancipatório, centrado no progresso contínuo — ambíguo e contraditório — da humanidade e em sua capacidade de aprendizagem.

Os grandes objetivos que a Modernidade coloca para si são de alcance universal e se orientam em direção à construção da paz entre os homens, amparada em uma constituição civil com o mesmo alcance, ou seja, uma conciliação entre os homens e entre os homens e a natureza — esses são os fins aos quais uma humanidade autônoma poderia aspirar, e é nisso que consiste o caráter emancipatório do projeto moderno. A razão é crítica, ao esfarelar os cimentos da velha ordem, e emancipatória, ao iluminar, no mesmo movimento da crítica, a construção de um novo tempo histórico.

A idéia deste capítulo é indagar como e por que, no contexto da leitura que a primeira geração da denominada Teoria Crítica da Sociedade realiza, ou seja, em Horkheimer e Adorno, a razão vai perdendo sua dimensão emancipatória e estreitando o próprio caminho teórico para um novo projeto que permita pensar suas condições de possibilidade, isto é, que permita repensar um novo contrato social e novas formas de convivência solidária, a partir de uma racionalidade complexa e de uma subjetividade que se autonomiza em sua relação com outros. Mas a perda da confiança na dimensão emancipatória da razão impactou o pensamento crítico e mudou o eixo da análise.

A perspectiva habermasiana estará presente neste trabalho tanto como ponto de partida da crítica quanto de chegada: como ponto de partida porque entendemos que é Habermas um dos herdeiros da Teoria Crítica e, em certa medida, é alguém que busca impulsionar o seu desenvolvimento, ao colocar de volta o problema da dimensão emancipatória da razão como precondição para a continuidade da própria Teoria Crítica — e é nesse sentido que podemos também entendê-lo como ponto de chegada.

2. A razão questionada

As idéias de perfectibilidade da natureza humana, de progresso social e de unidade da história constituíram o pano de fundo para a teoria da sociedade que se gerou a partir do Iluminismo. O caminho pelo qual alcançar a igualdade, a fraternidade e a liberdade do homem, ideais da Revolução Francesa, passa a ser um tema de reflexão próprio da racionalidade crítico-emancipatória que se instala. Conhecer as leis do funcionamento da sociedade permitiria interferir conscientemente no sentido de conferir uma direção à evolução social.

Desse modo, as idéias fundadoras de progresso, de sujeito autônomo e de *telos* da história sustentam as utopias modernas, enquanto, em sentido inverso, a violência social e política vai aumentando, assim como as possibilidades técnicas de evitá-la. No momento em que o homem alcança a possibilidade de solucionar o problema da fome no mundo, graças ao avanço da tecnologia, dois terços da população mundial continuam privados de alimentos; as técnicas destinadas à guerra ou à tortura evoluem paralelamente ao avanço da medicina e à possibilidade de conservar a vida. As duas guerras mundiais, a opressão a que são submetidos milhões de pessoas no Terceiro Mundo, a violência contra os desamparados, a segregação e o ódio às minorias vão gerando desconfiança em relação aos ideais e às promessas do passado, e desvelando, ao mesmo tempo, o risco real da completa destruição do planeta. Esta realidade histórica confirma que as "suspeitas" com relação à racionalidade moderna e, conseqüentemente, com relação à esperança no progresso da história estão cobertas de razão.

A denominada Teoria Crítica da Sociedade também conhecida como Escola de Frankfurt,[1] aborda uma crítica ao esclarecimento[2] em que a idéia de progresso se torna problemática e contraditória: o "indivíduo vai declinando" até desaparecer em alguns momentos e a filosofia da história afirmativa do esclarecimento vai se tornando negativa.[3]

No marco destas análises, a possibilidade de uma razão crítico-emancipatória parece romper-se definitivamente, posto que a razão se assume como "funcional" e "instrumental" quando toma emprestado o modelo de desenvolvimento das ciências naturais. As conseqüências desta ruptura parecem levar a própria Teoria Social Crítica a um beco sem saída, onde resta à teoria a função única da denúncia. No contexto de um projeto emancipatório de razão, a denúncia cumpriria, por si mesma, um papel transformador ao revelar o que está oculto. Fora de um projeto emancipatório, a crítica, como exercício da denúncia, se converte em uma atividade intelectual mais adequada para rever o passado do que para pensar as condições de um futuro possível. Essa idéia e suas conseqüências no campo da teoria de educação que pretendeu, acreditamos, nela fundar-se, serão desenvolvidas neste capítulo.

Adorno e Horkheimer buscam elementos para entender o processo de esclarecimento, cujo início se situa na Antiguidade grega, caminha

---

1. Não vamos analisar o alcance das denominações Teoria Crítica da Sociedade ou Escola de Frankfurt. Tais denominações foram adotadas conhecendo-se as discussões e ressalvas que existem a respeito delas. Para aprofundar esse tema recomendamos a leitura de Jay (1974); Freitag (1986); Assoun (1987); Matos (1993 e 1995) Wellmer (1996); Wiggershaus (2002); Nobre, M. Prefácio, em Honneth (2003), entre outros.

2. O termo "esclarecimento" tem no âmbito da Teoria Crítica da Sociedade um sentido diferente do que apresentava no Iluminismo: enquanto este se refere ao movimento filosófico dos séculos XVII e XVIII, aqui "esclarecimento" é o processo de domínio da natureza externa e interna que inicia a razão ocidental desde os gregos. Cf. nota preliminar do tradutor Guido Antonio de Almeida à edição da *Dialética do esclarecimento* Jorge Zahar Editor, 1985.

3. Cf. Teoria da ação comunicativa v. I, cap. IV.

até sua explicitação teórica na Modernidade, que vai de Kant a Hegel, e se consolida com o positivismo. Os denominados "escritores malditos da burguesia", especialmente Nietzsche e Sade, assim como Freud, servem também para aprofundar um olhar sem concessões sobre a racionalidade formal, transformada em operacional e calculadora.

Com eles se manifesta a impossibilidade de uma leitura linear da realidade, uma vez que ela é complexa e contraditória e as categorias para compreendê-la requerem um questionamento permanente, uma "negatividade" que não tem estado sempre presente no pensamento ocidental. A *Dialética do esclarecimento* se estrutura sobre esta lógica intelectual que leva a crítica até suas últimas conseqüências.

É claro que a fecundidade do pensamento dessa "primeira geração" da Escola de Frankfurt[4] deriva da radicalidade com que essa geração assume o seu tempo, em que era evidente a necessidade de desmascarar a catástrofe do fascismo e alertar, a um só tempo, sobre a possibilidade de destruição total da humanidade e da civilização. Mas deriva, também, do esforço de pensar para além daquilo que parece evidente, de radicalizar a crítica, de sair dos dogmatismos. É o reconhecimento de que o pensamento não pode ser detido e de que um intelectual comprometido com seu tempo deve dialogar com o passado, pensar o presente e alertar sobre o futuro, mesmo quando, depois de uma radicalidade semelhante, essa atitude possa parecer contraditória ou acabar impedindo seu próprio desenvolvimento. É sob essa perspectiva que podem ser lidos os textos de Horkheimer e Adorno publicados a partir da década de 1940.

Somente no contexto deste compromisso enérgico do pensamento podem ser entendidas as reflexões sobre a razão, sobre a subjetividade decadente, sobre o progresso convertido em regressão e, às vezes, simultânea e paralelamente, sobre a esperança de emancipação e de "organização racional da sociedade como humanidade"[5] ou em sua impossibilidade — que pode ser encontrada tanto na *Dialética do esclarecimento*

---

4. Seguindo em geral os mesmos autores mencionados na nota 1, chamamos "Primeira geração" aos integrantes do círculo interno da primeira época da Teoria Crítica, especialmente Horkheimer e Adorno.

5. Adorno, T. Cf. "progresso" em *Palavras e Sinais: Modelos Críticos 2*. Op. cit.

(*Dialektik der Aufklärung*) (1944-1947) quanto no caminho teórico percorrido até a *Dialéctica Negativa (Negative Dialektik)* (1966), no caso de Adorno.

Talvez a herança mais importante que nos deixam seja a de que é imprescindível pensar radicalmente, ou melhor dizendo, que é impossível não fazê-lo desta forma, sobretudo num momento em que o pensamento crítico parece inabilitado para propiciar análises que excedam a mera contestação — o que significa a impossibilidade de gerar alternativas teóricas atuais e dar orientações para a ação.

Isso parece demonstrar-se na atualidade, porque a profundidade do diagnóstico e a força da crítica são como um chamado a se pensar, com urgência, as formas de evitar a catástrofe, embora, provavelmente, eles mesmos não vislumbrassem caminhos teóricos ou práticos para fazê-lo ou, talvez, a partir da *Dialética do esclarecimento*, a preocupação fosse outra. Conscientes do ponto que haviam alcançado com a obra publicada em 1947, deixaram de pensar em "como evitar a catástrofe" e saíram em busca das causas profundas que estavam colocando a humanidade no curso de uma nova barbárie.

Com nossa releitura dos frankfurtianos, tentamos elaborar uma crítica que assume a crise dos fundamentos do pensamento ocidental e moderno e que, ao refletir sobre as causas dessa crise, aprofunda as perguntas que permitem vislumbrar os motivos pelos quais a humanidade está em vias de consumar uma catástrofe, quando tudo parecia indicar o contrário: um olhar retrospectivo nos revela a transição da razão emancipadora à razão instrumental, a transição do progresso à barbárie e do indivíduo livre à sua escravização.

Tentaremos, também, mostrar como a preocupação desses frankfurtianos com questões sociais tão graves como o debate público de suas idéias e sua atividade de intelectuais reconhecidos levou-os a recuar em seu radicalismo e a resgatar idéias como a autonomia ou a emancipação. Esse resgate veio, no entanto, sem a devida explicação sobre qual seria agora o embasamento de tais idéias, uma vez que a capacidade crítica da razão estava sob suspeita. Isso aconteceu, por exemplo, quando esses intelectuais abordaram o sentido último da educação, que é, enfim, o tema de que nos ocupamos aqui.[6]

---

6. Cf. Adorno (1998a).

Não nos deteremos na análise das diferenças existentes entre Horkheimer e Adorno, pois isso não corresponde ao objetivo estrito deste trabalho. Tampouco faremos uma exegese de seu pensamento, coisa que os especialistas realizam com maior competência, como já o fizeram. Nossa intenção neste excurso é apropriar-nos dessa "herança" e repensarmos como a fé, na dimensão emancipatória da racionalidade moderna, foi sendo nela perdida.

É evidente que há tanto motivos históricos quanto psicológicos que contextualizam esse processo, mas que acabam assumindo traços sistemáticos que levam à crítica radical da razão e na leitura de Habermas, "ao voltar-se contra a razão, enquanto fundamento de sua própria validade, a crítica torna-se total" (Habermas, 2000b: 169). É nessa questão que se encontra o maior problema da Teoria Crítica da Sociedade: o problema de sua própria legitimidade e, com isso, da própria continuidade da teoria.

3. Um projeto ainda emancipatório

No entanto, nos anos de 1930:

> Os teóricos críticos conservaram uma parte da confiança, própria à filosofia da história, no potencial racional da cultura burguesa, que deveria ser liberado sob a pressão das forças produtivas desenvolvidas, sobre isso fundara-se também aquele programa de pesquisa interdisciplinar condensado nos volumes da *Zeitschrift für Sozialforschung* (1932-41). (Habermas, 2000b: 169)

Por isso, vamos destinar um espaço para a análise de "Teoria Tradicional e Teoria Crítica", pois esse texto apresenta reflexões valiosas sobre o papel outorgado à "teoria", sua relação com a práxis, a politização do conhecimento e, especialmente, o esforço para "integrar" a Teoria Tradicional à crítica, destinando à primeira o âmbito que sempre ocupou, ou seja, a produção de saberes necessários para a reprodução e a transformação da sociedade através do aumento de conhecimentos que, apesar de tudo, não mudam a estrutura social capitalista.

Habermas reconhece a necessidade de retomar esse programa de pesquisa interdisciplinar em que a colaboração entre as ciências e a filosofia abre a perspectiva de uma racionalidade complexa e crítica. Em razão disso, ao final da *Teoria da Ação Comunicativa*, Habermas volta a falar das tarefas que cabem à Teoria Crítica da Sociedade, retomando algumas vezes o texto de Horkheimer como modelo de uma Teoria Social, à qual ele se vincula explicitamente com a intenção de continuá-la. É claro que a crítica habermasiana, expressada nas idéias do "paradoxo" do esclarecimento e da "contradição performativa", não representa um abandono do projeto interdisciplinar do Instituto de Pesquisa Social. Pelo contrário, o grande esforço teórico de Habermas parte da convicção de que vale a pena continuar na trilha da melhor tradição da Teoria Crítica da Sociedade,[7] continuação ainda mais pertinente na atualidade, quando diferentes correntes de pensamento, com diferentes conseqüências, dão por fechado o ciclo da razão.

O conhecimento científico é produto e, por sua vez, produtor de uma estrutura material da sociedade e é função da Teoria Crítica incluí-lo em um projeto maior, que busque a transformação da ordem social — projeto interdisciplinar que foi desenvolvido na Revista do Instituto de Pesquisa Social entre os anos 1932 e 1941, sob a direção de Horkheimer.

> Apesar de tudo, a idéia de uma futura sociedade como comunidade de homens livres, tal como a tornam possível os meios técnicos de que dispomos, tem um significado onde devemos depositar nossa confiança independentemente de qualquer mudança. [...] o mesmo sujeito que quer abrir passo a esses fatos, a uma realidade melhor, é também quem os concebe. A enigmática coincidência entre pensamento e ser, entre entendimento e sensibilidade, entre as necessidades humanas e sua satisfação em meio à caótica economia de nosso tempo, [...] deve-se converter, no futuro, na relação entre propósitos racionais e sua realização. (Horkheimer, 2000a: 51)

Teoria Tradicional e Teoria Crítica (*Traditionelle und kritische Theorie*, 1937) é reconhecida pelos analistas[8] como um manifesto ou um documento representativo da primeira fase da Escola de Frankfurt que define as

---

7. Cf. especialmente Habermas (2000b; 1999b, v. I e II; 1998; 1986; 1984), entre outros.

8. Cf. Freitag (1986); Jay (1974); Matos (1993); Habermas (1999b, v. II; 1986); Garcia Chiarello (2001); Rouanet (1999), entre outros.

características e os objetivos da Teoria Crítica assim como sua relação com a Teoria Tradicional.[9]

Pleno de esperanças no potencial emancipatório do saber, Horkheimer empreende uma crítica à hegemonia do conhecimento científico relativizando-o como um conhecimento específico para as ciências, cujo propósito é a aplicação e a utilidade de um saber destinado à reprodução da estrutura social.

A questão de fundo é uma crítica à racionalidade positivista e à sua teoria das ciências, atrelada ao modelo capitalista. A concepção positivista do conhecimento científico, objetivo e neutro, separado da sociedade e da política, alheio à ética, constitui a essência da Teoria Tradicional que não só é produto da evolução econômica do capitalismo e, portanto, não pode negar seu caráter político, mas que também é um fator de consolidação desse mesmo sistema e, em conseqüência, nem objetivo nem neutro. Em seu lugar, Horkheimer reivindica o papel emancipatório da Teoria Crítica, vendo-a como aquela capaz de produzir um conhecimento que não se diferencia nem em sua metodologia, nem em sua rigorosidade, mas que, como tal, está destinada a revelar a injustiça que caracteriza a sociedade capitalista e a incentivar uma luta por sua transformação.

Nesse sentido, a própria Teoria Crítica faz parte dessa luta; ela não se conforma com a situação social tal como ela é e se propõe a transformá-la pela produção de um conhecimento não ideológico e inserto na realidade. A Teoria Crítica é uma concepção que abrange o conhecimento não apenas das ciências particulares, mas que tenta integrar-se em um projeto maior. Dessa maneira, se converte em um projeto interdisciplinar que busca coadunar, sob certos critérios teóricos e políticos, as ciências sociais.

Horkheimer parte de uma caracterização do que seria a "teoria" tradicionalmente entendida, afirmando que o objetivo essencial é pro-

---

9. Em um artigo denominado "Lukács e o materialismo interdisciplinar: uma leitura de teoria tradicional e teoria crítica, de Horkheimer", Marcos Nobre analisa coincidências e divergências entre os dois filósofos, destacando o problema de "Teoria Tradicional e Teoria Crítica" ao aceitar a especialização do conhecimento e querer, ao mesmo tempo, conservar a Totalidade. Por isso, em Horkheimer o tema da integração ou superação entre Teoria Tradicional e Teoria Crítica permanece em aberto. Finalmente, será resolvido na *Dialética do esclarecimento*, em Antunes e Leão Rego (1996).

duzir efeitos úteis na sociedade. "A teoria é um saber acumulado de tal forma que se torna utilizável para a caracterização dos fatos mais detalhada e profunda possível" (Horkheimer, 2000a: 23). A ciência abrange a todos os objetos possíveis e um mesmo aparelho conceitual serve tanto para a natureza inanimada como para a natureza viva; as regras da dedução, a causalidade e a possibilidade de aplicação servem tanto para as ciências naturais como para as humanas. Um sistema teórico se define pelas suas partes "entrelaçadas, sem descontinuidades, nem contradições [...] Este modelo de Teoria Tradicional constitui um momento da transformação e do desenvolvimento permanentes dos fundamentos materiais desta sociedade" (ibid.: 29).

> Enquanto o pensamento teórico não se adapte a interesses externos, estranhos ao objeto [...] este pensamento tem direito a considerar os rendimentos da técnica e a indústria da era burguesa como sua legitimação, pode estar seguro de si mesmo. (Ibid.: 40)

Horkheimer reconhece o valor da Teoria Tradicional na medida em que esta produz saberes necessários que, aliás, devem ser transmitidos de uma geração a outra para assegurar a inclusão social e a reprodução da própria sociedade, mesmo quando esses conhecimentos são produtos do domínio da natureza. Dito de outra maneira, a produção de conhecimento científico e o desenvolvimento da técnica como produto do domínio da natureza é uma atividade necessária que deve continuar.

> O aumento constante de uma verdade independente dos sujeitos, a confiança no progresso das ciências, só se pode referir, em sua validade, àquela função do saber que seguirá sendo necessária em uma sociedade futura: o domínio da natureza. (Ibid.: 75)[10]

Enquanto a Teoria Tradicional produz um conhecimento necessário para manter e aumentar a reprodução material da sociedade, a Teoria Crítica, pelo contrário, tem como objetivo a transformação da mesma.

Finalmente, a Teoria Tradicional encontra seu ideal em um "sistema unitário de ciência todo-poderosa [...] tudo o que há no objeto foi dissolvido em determinações do pensamento, [...] a função determinan-

---

10. Cf. Nobre (1996).

te, classificatória e unificadora é a única na qual tudo se fundamenta e à que está dirigido todo esforço humano. A produção é produção da unidade, e a própria produção é o produto" (ibid.: 33).

Como foi dito, o papel unificador e identificador do trabalho científico que busca apenas classificar, ordenar e, enfim, reduzir a números o existente não se expressa aqui sob a mesma perspectiva que terá alguns anos depois na *Dialética do esclarecimento*, onde ele é entendido como a instrumentalização do pensamento e, portanto, como negação da teoria que, no ato de identificação, atenta contra as "diferenças"; nele todos os objetos e suas particularidades se resumem a um conceito que os assimila e os reduz até fazer desaparecer as características diferenciais. Dessa maneira, o único real acaba sendo o conceito. Sem dúvida, este é um tema fundamental da problemática desenvolvida na *Dialética negativa* (Adorno, 1975).

> Mudar esta direção do conceitual, voltá-lo ao diferente em si mesmo: aí está o cerne da "dialética negativa". O conceito leva consigo a sujeição à identidade, enquanto carece de uma reflexão que o impeça; porém essa imposição se desfaria com apenas a percepção do caráter constitutivo do irracional para o conceito. A reflexão do conceito sobre seu próprio sentido lhe faz superar a aparência de realidade objetiva como uma unidade de sentido. (Ibid.: 21)

Não obstante, o que Horkheimer sustenta em 1937 é uma proposta de conhecimento crítico que se converte em práxis na medida em que aspira ser uma parte da luta pela justiça e pela igualdade de todos os homens. A emancipação é ainda possível pelo desenvolvimento do pensamento crítico, que retoma como base da análise as categorias marxianas. A crítica está colocada a serviço da autonomia do sujeito e da emancipação da sociedade ao propor um modelo de investigação que é, ele mesmo, parte da luta política. Revelar as relações do conhecimento produzido pela Teoria Tradicional com o "poder" é uma tarefa da Teoria Crítica, o que não implica desconhecer o âmbito específico da primeira. Conhecimento e politicidade são componentes inseparáveis na Teoria Crítica com uma perspectiva emancipatória, isto é, a própria tarefa de descobrir as relações entre o saber científico e o poder é parte da luta pela transformação. Assim, o próprio conhecimento, sob certas condições, propicia a transformação da sociedade.

Horkheimer afirma que a Teoria Tradicional provém da lógica imposta pelo *"Discurso do método"*, enquanto a Teoria Crítica provém da crítica marxiana e, como tal,

> não combina bem com a perpetuação da miséria, pois tem como objetivo a felicidade de todos os homens [...], a teoria crítica não aponta de modo algum simplesmente para a ampliação do saber enquanto tal, senão para a emancipação dos homens das relações (*Verhältnisse*) que os escravizam. (Horkheimer, 2000b: 81)

Esse texto que projeta um "materialismo interdisciplinar" coloca, mediante a discussão com o positivismo e com o idealismo, reflexões sobre o que é a emancipação do indivíduo em uma sociedade emancipada. Só existirão indivíduos livres numa sociedade liberada a partir de um processo progressivo de esclarecimento que é entendido explicitamente, em Teoria Tradicional e Teoria Crítica, como uma "crítica", cuja finalidade é a plenificação do homem — um processo que apenas seria possível fora dos limites impostos pelo capitalismo.

Ainda assim, a crítica que busca a emancipação social não pode deter-se nem mesmo ante aquelas categorias intocáveis para o marxismo ortodoxo, como, por exemplo, a "classe operária" entendida como o sujeito histórico portador da transformação social. A Teoria Crítica, mesmo quando reconhece sua herança marxista, não pode ser dogmática e esse tema em especial, o da classe operária e seu papel na transformação, é um dos que, antecipadamente, vai afastar os frankfurtianos do marxismo tradicional.[11]

Isso significa, entre outras coisas, que o intelectual não tem sempre que coincidir com as concepções e idéias políticas da classe operária, pois ela nem sempre vê o caminho da emancipação. Nessa posição já se reconhecem os primeiros desencantos com "[...] as experiências histórico-políticas que representam o final do movimento operário revolucionário, o regime nazista e o stalinismo" (Habermas, 1986: 374).

> [...] por mais que o proletariado experimente em si mesmo o contra-senso como perpetuação e incremento da miséria e a injustiça, contudo, a dife-

---

11. Cf. Korsch (1966; publicado originalmente em 1923); Habermas (1986; 1999b, v. I e II); Matos (1995), entre outros.

renciação de sua estrutura social, promovida desde cima, e o conflito entre interesses pessoais e de classe, só superado excepcionalmente, impedem que esta consciência se faça valer imediatamente. (Horkheimer, 2000b: 48) O teórico cuja ocupação consiste em acelerar um processo que deve conduzir à sociedade sem injustiças se pode encontrar, como se tem dito, em conflito com opiniões que predominam precisamente no proletariado. (Ibid.: 56)

Isso não impede que em *Teoria Tradicional* e *Teoria Crítica* o caminho para alcançar a emancipação social esteja marcado por uma concepção materialista que coloca no paradigma do "trabalho social" a atividade fundamental da teoria. Anos mais tarde, Habermas converterá esse tema em um dos eixos de sua discussão com a filosofia da práxis.[12]

A diferença para as obras dos anos de 1940 é que "em *Teoria Tradicional e Teoria crítica* [...] palpita com desusada intensidade (a questão) da relação entre a teoria e a decisão de aplicá-la com fins práticos, entre teorizar e propor-(se) fins e valores, entre conhecimento, em suma e valoração [...]", diz Jacobo Muñoz no prólogo da obra da edição espanhola da Editorial Paidós (Habermas, 2000a: 22).

Na obra de Horkheimer, a Teoria Crítica é o instrumento "por excelência" da transformação revolucionária. Unidade de teoria e prática que acaba sobrevalorando o momento político da crítica, a ponto de sugerir que a própria Teoria Crítica ocupa o lugar do proletariado como sujeito histórico.

Contudo, neste texto, a Teoria Crítica é em si mesma um projeto emancipador porque ainda confia que a crítica representa outra razão (a objetiva), capaz de liberar das ataduras do Positivismo e do reducionismo de um pensamento operacional. Tacitamente há uma razão instrumental e uma emancipatória expressa na crítica.[13] Por isso, o potencial

---

12. Cf. Habermas (1983; 1984; 1986; 1999b; 2000b, entre outros).

13. Rouanet analisa a diferença entre Horkheimer e Adorno a respeito do conceito de razão. Nesse ponto, afirma que para Horkheimer sempre existiu uma razão objetiva e uma subjetiva, e, ainda quando a razão subjetiva tivesse triunfado, a crítica é possível pela racionalidade objetiva. Essa é a causa pela qual o pensamento da primeira época não acaba em uma aporia. Diferente é o problema em Adorno, para quem a razão é uma e única, portanto, a crítica à razão através da própria razão termina em aporia. Cf. Rouanet, S. *"Razão negativa e a Razão comunicativa". As razões do Iluminismo*. São Paulo: Companhia das Letras, 1999, pp. 331-347.

que contém *Teoria Tradicional e Teoria Crítica* é duplo, primeiro, porque permite pensar na emancipação por via racional da sociedade e do indivíduo, ao colocar a crítica em um lugar privilegiado, como o produto de uma racionalidade emancipatória; e, segundo, porque abandona algumas concepções que o marxismo ortodoxo ainda mantinha ingênua e autoritariamente. Para um olhar que ainda esperava que a teoria trouxesse a transformação, o stalinismo não permitiria romantismo algum — daí a preocupação de Horkheimer ao assinalar, entre outras coisas, as questões relativas ao proletariado.

Em seu livro *Perfis filosófico-políticos*, Habermas analisa brevemente o contexto e as tendências desse primeiro projeto da Teoria Crítica da Sociedade, que se expressa também nos nove volumes (1932-1941) da *Zeitschrift für Sozialforschung*, como um programa de pesquisa interdisciplinar que não recusa as contribuições do positivismo nas diferentes disciplinas particulares, mas que busca unificar, sob a perspectiva filosófica de um marxismo não ortodoxo, os aportes de áreas do conhecimento como Sociologia, Psicologia, Movimentos Sociais, História, Economia etc.

A "Revista" foi uma contribuição importante, pois "representou por um momento histórico, com inspiração filosófica, a unidade das ciências sociais [...]" (Habermas, 1986: 370). Como projeto interdisciplinar, ela foi um empreendimento que respondeu ao impulso do momento histórico e que, como tal, se constituiu durante esses quase dez anos em um espaço onde os intelectuais mais reconhecidos podiam se expressar.

Alguns anos mais tarde, a radicalização da crítica ao conhecimento científico e técnico, entendido como único produto da razão, gera sua repulsa e vai estreitando o caminho que permitiria a integração entre a Teoria Tradicional e a Teoria Crítica. As conseqüências da ciência positiva se converterão em um dos temas centrais a partir dos quais, tanto para Adorno quanto para Horkheimer, se torna necessário revisar as idéias de razão, indivíduo e progresso social, entre outras.

Abandonado esse projeto interdisciplinar, a confiança na dimensão emancipatória da razão moderna tende a desaparecer da obra dos frankfurtianos, assumindo, em seu lugar, a visão pessimista que só destaca a dimensão instrumental da razão. A crítica se transforma em contestação, mas sem a esperança de emancipação, pois toda razão, inclusive a que gera a crítica, se tornou operacional. Com essa passagem, chega-se a formular o que parece ser um caminho sem retorno, uma aporia que deixa sem chão o pensamento crítico emancipatório posterior.[14] No início dos anos 40:

> Horkheimer e Adorno consideram a crítica marxista da ideologia como esgotada e deixaram de acreditar que a promessa de uma teoria crítica da sociedade pudesse ser cumprida com os meios das ciências sociais. (Habermas, 2000a: 168)

Já na *Dialética do esclarecimento*, afirma-se que "conhecimento e poder são sinônimos" (Adorno e Horkheimer, 1985: 20): todo conhecimento está a serviço do poder ou é ele mesmo o poder. O conhecimento científico parece estar concluindo o trabalho de submeter toda a realidade a conceitos, transformando-se, ele mesmo, em um novo mito. No prefácio dessa obra publicada em 1947, dizem os autores:

> Se se tratasse apenas dos obstáculos resultantes da instrumentalização desmemoriada da ciência, o pensamento sobre questões sociais poderia, pelo menos, tomar como ponto de partida as tendências opostas à ciência oficial. Mas também estas são presas do processo global de produção. Elas não se modificaram menos do que a ideologia à qual se referiam. (Ibid.: 12)

A partir da *Dialética do esclarecimento*, a crítica, que até esse momento havia sido uma ferramenta de destruição e, ao mesmo tempo, de construção e superação, se reduz a uma tarefa de exegese, isto é, a obra de 1947 expressa a preocupação por revelar as causas pelas quais a barbárie está tomando conta do desenvolvimento da humanidade. A respeito disso é interessante salientar as reflexões de Marcos Nobre:

> Em outras palavras, Adorno não se coloca a questão "como é possível a emancipação?" naquele sentido em que Kant se coloca a pergunta "como é possível a metafísica como ciência?", ou seja, no sentido de saber quais são as condições de possibilidade de uma ciência ainda inexistente. A pergunta é, ao contrário, "como é possível que a emancipação não tenha se dado e continue a não se dar?". (Nobre, 1998: 41)

---

14. Cf. Habermas (2000b, cap. III e V; 2000c, cap. VI).

E acrescenta:

De certo modo, Adorno faz dessa lógica aporética método: as tensões e ambigüidades herdadas pelo marxismo e pela teoria crítica da sociedade constituem o único elemento em que se pode pensar, ou seja, pensar no "estado falso" é pensar no interior das aporias inevitáveis do projeto moderno. Mais ainda: para Adorno, o projeto por excelência da teoria é justamente a inevitabilidade das aporias. (Ibid.: 182-183)

A partir daqui, a Teoria Crítica da Sociedade expõe descarnadamente a realidade e explica as causas profundas que a produziram. Apresenta um diagnóstico difícil de rebater, mas já não crê na possibilidade da emancipação produzida pela razão reduzida e, por isso, se volta para o exame crítico do passado e do presente — o que muda radicalmente o eixo da questão. A Teoria Crítica admite o fim da filosofia da história que dava sentido ao projeto interdisciplinar, mas não pode superá-la.

Em vista disso, entendemos que a obra completa dos frankfurtianos, com suas luzes e sombras, pode ser lida dessa dupla perspectiva: por um lado, a do exercício de uma crítica implacável e, por outro, a do abandono da perspectiva emancipatória. Isso significa que houve na Teoria Crítica uma intenção emancipatória que foi posteriormente abandonada diante da tenacidade da denúncia, ainda que seja preciso, por vezes, retomá-la para continuar escrevendo depois de Auschwitz.

Esse fato é interessante, pois só dessa maneira se podem explicar as alusões à "liberdade do sujeito", a "uma humanidade real" e à "interrupção do caminho rumo ao mundo administrado", que aparecem no prólogo da *Dialética do esclarecimento* escrito em 1969. Isso sem mencionar as referências à necessidade de progresso ou as reflexões sobre educação e autonomia, ou educação e emancipação, que aparecem em obras menores como *Educação para a emancipação* (1959-1969), onde essas questões pressupõem tanto a necessidade quanto a legitimidade da educação entendida como formação. Mais adiante voltaremos especificamente a esse assunto.

O limite da crítica da razão através da própria razão conduz a uma "contradição performativa" da qual Adorno estava perfeitamente consciente. Diz Habermas:

[...] a autodestruição da capacidade crítica [é descrita] de modo paradoxal, visto que no instante da descrição ainda tem de fazer uso da crítica que declarou estar morta. [...] A Dialética negativa, de Adorno, pode ser lida como a continuação da explicação de por que temos de girar em torno dessa contradição performativa e devemos mesmo persistir nela, de por que somente o desdobramento insistente e incansável do paradoxo abre a perspectiva daquela "reminiscência da natureza no sujeito", invocada quase de maneira mágica [...]. (2000b: 170-171)

Reafirmando o que foi dito anteriormente, Wellmer fala de uma perspectiva que combina negativismo e messianismo, o que leva a primeira Teoria Crítica, sobretudo a versão de Adorno, a continuar elaborando sua própria metafilosofia, seguindo a trilha da *Dialética do esclarecimento*:

[...] isto não significa que a filosofia de Adorno se reduza a essas teses fundamentais [da Dialética do esclarecimento], antes bem significa que essa tese básica concernente à filosofia da história retorna uma e outra vez em todas as análises de Adorno como uma espécie de opacidade da luz. Mas enquanto Adorno acreditava que era a história real a que envolvia todas as coisas numa luz turva, não percebia que a opacidade da luz vinha já causada pela própria ótica através da qual via ela as coisas. (Wellmer, 1996: 244)

Presa nesse paradoxo, a Teoria Crítica só pode, de um ponto de vista filosófico, continuar revelando as armadilhas do esclarecimento. Sem poder esperar nada da razão, as reflexões sobre a responsabilidade dos sujeitos na comunidade, na política e na educação se tornam difíceis de sustentar. Uma continuidade produtiva da Teoria Crítica é proporcionada pela sistemática habermasiana (ibid.: 248):

A teoria de Habermas significa, em boa parte, a reconquista de um horizonte histórico para a teoria crítica, ou seja, a abertura de *um horizonte de possibilidade histórica real*; por esta razão — e por muitas outras — uma discussão sobre "o significado da Escola de Frankfurt" é impossível sem que se converta por sua vez, — explícita ou implicitamente — numa discussão sobre a teoria de Jürgen Habermas. (Ibid.: 245; destaque no original)

Por outro lado, a perda da fé na dimensão emancipatória da razão não advém necessariamente da radicalidade da crítica. Veremos, mais adiante, como Habermas tenta superar este problema criticando seus mestres (e não apenas eles) por não haverem explorado outros caminhos que a própria razão contém.[15]

4. A crítica como exercício da denúncia

Em *Dialética do Iluminismo*, Adorno e Horkheimer analisam o rumo que seguiu a racionalidade ocidental reduzida à razão operacional e utilitária, que alcança sua máxima expressão com o positivismo.

O desenvolvimento dessa racionalidade se inicia com o próprio processo de esclarecimento, isto é, inicia-se quando os homens buscam uma explicação do mundo através dos mitos, que, além de interpretarem a natureza, também "desencantam" e tentam dominá-la. Acontece que, nesse duplo movimento, o próprio indivíduo se torna natureza e, portanto, também ele, objeto de domínio. Desse modo, o homem submete a natureza externa ao preço da renúncia de si mesmo, sacrificando, por isso, seus desejos e suas necessidades. Desde os gregos, os mitos já participam do processo de esclarecimento que empreende a razão ocidental: "Pensando, os homens distanciam-se da natureza a fim de torná-la presente de modo a ser dominada" (Adorno e Horkheimer, 1985: 49).

A Modernidade consolida esse processo, e o surgimento da ciência experimental e o desenvolvimento da técnica terminam por afirmar uma racionalização, cuja legitimidade está dada pela eficiência e utilidade.

> Para o esclarecimento, aquilo que não se reduz a números e, por fim, ao uno, passa a ser ilusão: o positivismo moderno remete-o para a literatura [...]
> O que não se submete ao critério da calculabilidade e da utilidade torna-se suspeito para o esclarecimento. (Ibid.: 22-23)

Dessa maneira, a evolução da racionalidade ocidental culmina com a hegemonização do aspecto instrumental da razão, sustentado na idéia de progresso social, e com uma concepção de história linear, mas, fundamentalmente, com uma lógica da identidade que reduz tudo a conceitos.

---

15. Cf. Habermas (1999b; 2000b) e Wellmer (1993; 1996).

A crítica à lógica formal, construída sobre o conceito de identidade, percorre toda a obra dos frankfurtianos a partir da *Dialética do esclarecimento*, segundo a qual o mecanismo de construção do conhecimento se baseia, essencialmente, na afirmação do idêntico, no desconhecimento do diferente e no exercício da violência contra o "outro", aspectos que o conceito não chega a expressar.[16]

> Entregar-se ao objeto significa apreciar sem recortes suas componentes qualitativas. De acordo com a tendência quantificante que caracteriza toda a ciência desde Descartes, a objetivação cientista tende a eliminar as qualidades, convertendo-as em determinações mensuráveis. Respectivamente, do lado subjetivo, o cognoscente se reduz a um universal carente de qualidade, puramente lógico. (Adorno, 1975: 50)

Esse caráter identitário que impera na lógica formal serve de fundamento à exclusão e ao autoritarismo político, que se exibe com toda crueldade no fascismo. A vontade de *domínio* acaba abrangendo todo o processo evolutivo, e a racionalidade destina seus maiores esforços a formar conceitos cuja lógica funciona subsumindo o não-idêntico sob o princípio de *identidade*.

A relação de poder que a razão estabelece com a natureza, ao reduzi-la por meio da classificação e da calculabilidade, se traduz em relações de poder entre os homens. Esses homens, também convertidos em natureza, são assim definidos graças à exclusão de "outros" como as mulheres, os judeus, os escravos etc., dependendo da época. Por isso, o esclarecimento sempre esteve unido à coerção social, tratando de assegurar, da melhor maneira possível, a identidade, tema ao qual Adorno retorna várias vezes. Os conceitos exerceram violência contra os objetos desconhecendo suas particularidades, e é por isso que, ao afirmar sua singularidade, Adorno elabora uma filosofia preocupada em destacar a preeminência do particular.[17]

Tudo foi capturado primeiro pelo logos filosófico e, posteriormente, pela ciência experimental.

---

16. *Dialéctica negativa*, especialmente Introdução e primeira parte.

17. Cf. "Adorno, abogado de lo no idéntico", in Wellmer (1993), e "De Lukács a Adorno: La racionalización como cosificación", in Habermas (1999b, v. I cap. IV).

> De antemão, o esclarecimento só reconhece como ser e acontecer o que se deixa captar pela unidade. [...] A lógica formal era a grande escola da unificação. Ela oferecia aos esclarecedores o esquema da calculabilidade do mundo. (Adorno, 1985: 22)
> Realizar a crítica da identidade leva consigo um tenteio da preponderância do objeto. O pensamento identificante é subjetivista por mais que não o aceite. [...] O objeto só pode ser pensado por meio do sujeito; mas se mantém sempre diante deste como outro. (Adorno, 1975: 185)

É, em suma, a lógica formal que, através da ciência, produz a idéia de progresso social. Se o mundo físico e também o humano podiam ser reduzidos a um "esquema de calculabilidade", o domínio sobre eles estava assegurado. Por essa capacidade de domínio é exeqüível orientar a evolução social para um processo de progresso indefinido. O Positivismo acreditou ter encontrado, no método científico, o caminho e o fundamento do progresso indefinido da humanidade e o completo domínio da natureza. Claro que essas idéias não passam de ilusões, pois o que se entende por *progresso* demonstra rapidamente seu caráter contraditório. A técnica que pode facilitar a vida dos homens e atuar como uma ferramenta libertária, permitindo-lhes atingir cada vez mais rapidamente sua "autonomia", serve também, e com igual eficácia, para a escravização e o extermínio.

> O conceito de progresso é dialético no rigoroso sentido não metafórico, de que o seu "organon", a razão, é uma; de que nela não se superpõe uma camada dominadora da natureza e uma camada reconciliadora, mas sim que ambas compartilham todas as suas determinações. Cada momento só se transforma em seu oposto ao, literalmente, refletir-se, quando a razão aplica a si mesma a razão, e, nessa autolimitação, emancipa-se do demônio da identidade. (Adorno, 1995: 50)

Na *Dialética do esclarecimento* esse sentido do *progresso*, nem linear nem ingênuo, aparece de maneira recorrente: "Na medida em que cresce a capacidade de eliminar duradouramente toda miséria, cresce também, desmesuradamente, a miséria enquanto antítese da potência e da impotência" (Adorno, 1975: 49).

Tudo o que foi considerado como *progresso*, no marco da racionalidade ocidental, é produto do esclarecimento e é entendido como progresso da humanidade em seu conjunto. No entanto, dentro dos limites da racionalidade operacional, a idéia de *progresso* perde a sua dimensão moral e assemelha-se à evolução científico-técnica. Quando a ciência e a técnica demonstram que o critério de utilidade mantém a mesma relação com o bem ou com o mal, como ocorre em Auschwitz, todo *progresso* envolve, ao mesmo tempo, "regressão".[18] No mesmo sentido Horkheimer expressa-se em *Eclipse da razão*, ao afirmar que o risco de "transformar o *progresso* em seu oposto, o barbarismo completo" está sempre presente.[19]

Não obstante, o homem contemporâneo tem a necessidade de "saber: se há progresso" e "se a humanidade será capaz de evitar a catástrofe" (Adorno, 1995: 38), em outras palavras, se é possível evitar a opressão, a escassez e, essencialmente, a violência física extrema, isto é, se é possível evitar Auschwitz como um dos acontecimentos e símbolos mais sinistros da sociedade contemporânea.

É importante assinalar que o conceito de *progresso*, como categoria ambígua, só pode ser pensado no contexto da decadência, isto é, só pode ser pensando quando a barbárie aparece mais claramente e a idéia de progresso começa a perder "sentido" — o *sem sentido* torna o progresso um problema. Em outros termos, o progresso só pode ser pensado, em toda sua dimensão, como progresso e barbárie a um só tempo. Progresso, barbárie e retorno permanente da catástrofe são, de agora em diante, partes do mesmo fenômeno civilizatório. O perigo das recaídas está sempre latente, mas ainda assim a única oportunidade de emancipação, se existir, virá pelo progresso, reconhece Adorno.

Contudo, a tensão extrema que é gerada na relação entre progresso, barbárie e risco permanente de regressões tem conseqüências importantes no que diz respeito à possibilidade de se pensar as condições de uma emancipação ainda por vir. Antes de tudo, a tensão facilita a análise de por que a emancipação não se deu, e certamente não se dará, uma vez que a racionalidade formal — que para Kant continua uma dimensão prática — se transformou em instrumental.

No entanto, o que interessa neste trabalho é mostrar como a estratégia argumentativa vai se configurando de maneira tal que finalmente

---

18. Cf. Adorno e Horkheimer (1985, especialmente Excurso II: "Juliette ou Esclarecimento e Moral").

19. Horkheimer (2000a: 136 e seg.).

a razão perde a relação com a emancipação. A crítica continua, mas sem perspectivas de converter-se em ferramenta de construção, pois parece não poder ancorar-se em ponto algum. A possibilidade de emancipação dependeria, então, de uma saída mística e teológica, e a evolução do pensamento de Horkheimer, posterior à *Dialética do esclarecimento*, parece confirmá-la: [20] "Preferiria dizer [Teologia como] expressão de um anseio, anseio pleno de nostalgia (*Sehnsucht*) de que o assassino não possa triunfar sobre a vítima inocente".[21]

O desconcerto e a contradição parecem confirmar a impotência da razão e, com isso, a impotência da crítica que os frankfurtianos foram construindo desde a *Dialética do esclarecimento* — o que não seria um problema se seus autores não se afirmassem e fossem reconhecidos como iluministas, pelo esforço constante, sobretudo de Adorno, de tentarem salvar a razão. Aliás, o tema da "esperança" e da "redenção" aparece freqüentemente em sua obra, sobretudo ao longo dos últimos anos, mostrando a preocupação do filósofo por salvar a razão do "contexto de ofuscamento", isto é, do contexto de dominação:

> Assim Adorno evoca um conhecimento "na perspectiva da redenção" e afirma que "o conhecimento não tem outra luz que aquela que a redenção irradia sobre o mundo".[22]

E acrescenta:

---

20. Cf. Garcia Chiarello (2001). O autor trabalha sobre a idéia de uma filosofia "fragmentada", pelo que denomina as "aporias" que expressa a obra de 1947. Isto é especialmente relevante nos "Notizen", apontamentos publicados depois da morte de Horkheimer, em 1974, e escritos entre 1949 e 1969 quase como "um diário íntimo". Chiarello analisa detalhadamente muitos deles e utiliza para descrevê-los adjetivos como desilusão, amargura, negativismo, desconcerto, filosofia desgarrada etc. Paralelamente, Horkheimer, em suas conferências, aparições públicas e alguns apontamentos dos "Notizen", continua afirmando o potencial crítico da teoria e a esperança de "reconciliação" entre uma racionalidade objetiva e uma subjetiva. Explicitamente há textos que fazem asseverações em dois sentidos opostos, escritos na mesma época. Não obstante, predomina uma visão decepcionada da realidade que leva Horkheimer a dar um olhar metafísico-teológico, necessário para quem não quer, ou não pode, aceitar a idéia de que a injustiça triunfe sobre o mundo (pp. 122 e seg.).

21. Horkheimer, apud Garcia Chiarello "Do anseio pelo inteiramente outro" (1970: 152).

22. Adorno, apud Gagnebin, J. M. "Do conceito de razão em Adorno". *Sete Aulas sobre Linguagem, Memória e História*, op. cit.

Trata-se sempre de saber como um pensamento crítico é possível, ainda que ele também se inscreva dentro de um conjunto social totalitário e afirmativo, ou, mais precisamente em relação à idéia de razão, como manter a esperança de emancipação do esclarecimento quando este se tornou, ele mesmo, a figura mais acabada do cerceamento mítico contra o qual pretendia lutar. (Gagnebin, 1997: 107-121)

Essas questões estão presentes ao longo dos anos em que a atividade intelectual dos filósofos foi aumentando, assim como sua influência foi sendo incrementada. Por momentos, tem-se a impressão de que esses filósofos deveriam se voltar sobre seus passos, tornar relativas algumas asseverações, pois, de outra maneira, com a razão refém de sua função autoconservadora, a Teoria Crítica renega seu veículo fundamental e nega, a si mesma, a sua continuidade. Tanto Horkheimer como Adorno parecem perceber essa questão e, por esse motivo, para a reedição alemã da *Dialética do esclarecimento,* no ano de 1969, escrevem um prefácio que, sem alterar o conteúdo geral da obra, parece sugerir que ele seja entendido como parte do trabalho teórico e prático contra a marcha que ruma à sociedade administrada.

Podemos dizer que, nessa permanente dupla perspectiva, teria de se entender a necessidade própria do trabalho teórico crítico com uma pretensão emancipatória, a necessidade de ancorá-lo mesmo que em pequenos "resíduos de liberdade". Se não fosse assim, como justificariam, 25 anos depois, a reedição de uma de suas obras mais importantes?

Na obra de 1947, o esclarecimento é já um novo mito, segundo o qual o homem se degradou em objeto, a moral formal pôde justificar tanto o bem quanto o mal e toda a cultura ficou nas redes da indústria. Não obstante, o interesse em reeditá-la, em 1969, surgido seguramente entre as novas gerações de intelectuais alemães — preocupados em entender o passado recente e comprometidos com seu presente —, relativiza, de algum modo, o que ela mesma afirma. Em outras palavras, o interesse que desperta a *Dialética do esclarecimento,* e outras obras de caráter crítico, parece demonstrar que esse processo de escurecimento da razão não estaria concluído.

Talvez o prefácio de 1969 nos autorize a dizer que a obra dos frankfurtianos pode ser entendida como um chamado enérgico e determinante a se pensar o "que fazer" para unir a teoria com a prática, para conseguir a reconciliação do homem com a natureza, e da racionalidade operacional com a emancipatória. Não obstante, a estratégia teórica que os frankfurtianos empreendem na *Dialética do esclarecimento* lhes restringe o passo até chegar à negatividade do pensamento, que exerce violência contra si mesmo, ou à alternativa de uma metafísica teológica. Se essa leitura revelar-se falsa, seremos obrigados a aceitar que, irremediavelmente, segundo Adorno e Horkheimer, não há conciliação que a razão possa produzir.[23]

Se no texto de *Teoria Tradicional e Teoria Crítica* está ainda presente o potencial transformador da teoria e a esperança da transformação social, dez anos depois essa percepção mudou, aparecendo a idéia de uma "sociedade administrada", integrada como totalidade. Na *Dialética do esclarecimento* são escassos os parágrafos em que se encontra a possibilidade de não pensar o mundo administrado como totalidade. A idéia de desencantamento levada às últimas conseqüências, o princípio de identidade como norma destinada à exclusão da diferença, o autoritarismo justificado por este princípio e o "eclipse da razão", pela hegemonia de uma racionalidade utilitarista e calculadora, são os eixos sobre os quais se estrutura a obra.

> A categoria de indivíduo, que apesar de todas as tensões estava ligada à idéia de autonomia, não resistiu à grande indústria. A razão foi destruída na medida em que foi a projeção ideológica de, precisamente, a má universalidade onde os sujeitos aparentemente autônomos experimentam hoje sua nulidade. A destruição da razão e a do indivíduo são uma só. (Horkheimer, 2000b: 104)

Seria possível pensar que a obra dos anos de 1940 é um chamado de atenção, uma forma extrema de apresentar a catástrofe que não deixa dúvidas sobre a gravidade do que diz. O prefácio de 1969, que conserva o mesmo caráter imperativo, parece, por sua vez, sugerir uma leitura diferente de seu conteúdo:

> O pensamento crítico, que não se detém nem mesmo diante do progresso, exige hoje que se *tome partido pelos resíduos de liberdade, pelas tendências a*

---

23. Cf. Habermas (1999b, v. I e II; 2000b; 1986); Wellmer (1996); Nobre (1998); Matos (1995); entre outros.

uma humanidade real, ainda que pareçam impotentes em face da grande marcha da história. [...] *O desenvolvimento que diagnosticamos neste livro em direção à integração total está interrompido, mas não rompido*, ele ameaça se completar através de ditaduras e guerras. [...] Retornamos dos Estados Unidos, onde o livro foi escrito, para a Alemanha, na convicção de que *aqui poderemos fazer mais do que em outro lugar, tanto teórica, quanto praticamente.* [...] *A idéia de que hoje importa mais conservar a liberdade, ampliá-la e desdobrá-la*, em vez de acelerar, ainda que indiretamente, a marcha em direção ao mundo administrado, é algo que também exprimimos em nossos escritos ulteriores. [...] *Crítica da filosofia que é, não quer abrir mão da filosofia.*[24]

Nesses parágrafos, que resumem o essencial do breve prefácio, há para nós uma perspectiva provocadora. Os autores dizem: aceitamos reeditar o livro porque o processo de "integração total da sociedade administrada está interrompido", mas pode se completar a qualquer momento, mesmo assim, ainda vale a pena trabalhar para que não se complete. E vale a pena, não por mero voluntarismo ou tendência à ação cega ou irrefletida, mas porque há resíduos de liberdade e tendências a uma humanidade real pelas quais deve-se tomar partido. Por isso, Horkheimer e Adorno voltaram à Alemanha para trabalhar tanto teórica quanto praticamente.

De certa forma, parece que esses filósofos estiveram preocupados não apenas em justificar a reedição, mas também em recolocar o papel da Teoria Crítica numa perspectiva emancipatória, ou seja, não sabemos se ainda é possível evitar outros "Auschwitz", mas mesmo assim vale a pena iniciar uma nova batalha.

Talvez, nessa nova oportunidade, poderia ser inscrita a preocupação com a questão cultural e com o problema educacional que manifestam os dois autores. Veremos, contudo, como nem a *Dialética do esclarecimento* nem a *Dialética negativa* nos autorizariam a refletir sobre educação, como Adorno o faz, retomando seu potencial emancipatório em um sentido kantiano.

Qualquer possível debate sobre ideais educativos torna-se vão e indiferente em comparação com isto: que Auschwitz não se repita. (Adorno, 1998a: 79)

---

24. *Dialética do esclarecimento* (op. cit. 9-10). Destaque nosso. Tradução modificada pelo prof. Pedro Goergen.

A única força verdadeira contra o princípio de Auschwitz seria a autonomia, se me é permitido valer da expressão kantiana; a força de reflexionar, de se auto-determinar, de não entrar no jogo. (Ibid.: 83)

5. Adorno: educação para a emancipação

Como expusemos no capítulo primeiro, a educação concebida na Modernidade foi, sem dúvida, uma parte fundamental da batalha contra o obscurantismo e um fator determinante para alcançar a maioridade. Pela instrução e a formação, o homem se converteria em um ser autônomo capaz de ditar suas próprias leis e, assim, os povos entrariam em um processo de emancipação que os levaria à possibilidade de uma convivência organizada e universalmente estendida. Nesse sentido, a Modernidade outorgou ao processo educacional uma função constitutiva.

Em alguns momentos contrariando a natureza, em outros colaborando com ela, algumas vezes acelerando o processo social, outras simplesmente acompanhando-o, a educação moderna se formou, em simbiose com um projeto social emancipatório — e com o qual contribuiria durante muitos anos —, por meio de um processo educativo que inclui desde a educação física, passando pela instrução, e até a moral, que foi sinônimo de luta pela autonomia do sujeito e pela emancipação social.

Nesse mesmo texto, tentamos demonstrar como a Autonomia e a Emancipação, assim como seu conceito correlativo de Formação, estão assentados nas idéias de Progresso social, unidade da História e confiança no Sujeito racional, portanto, livre. Não parece necessário insistir que a educação escolar organizada na Modernidade, que foi desenvolvida com relativo bom êxito até nossos dias, não pode ser pensada fora desses conceitos. Educa-se porque a sociedade cresce e se desenvolve pela inclusão e adaptação de seus membros mais jovens e porque eles têm uma natureza social que, com resistências e de maneira ambivalente — como assinala Kant —, exige a convivência com os outros. Necessidades tanto sociais quanto individuais se conjugam para assegurar a "legitimidade" da educação entendida como instrução e formação. É a exigência de levar o homem à sua maioridade para poder fazer um uso responsável de sua liberdade — é o que finalmente acontecerá numa época de Iluminismo de alcance universal.

A autonomia do sujeito e a emancipação social são os fins últimos de um novo tempo histórico, no qual o uso público da razão já não poderá ser detido e a crítica irá, pouco a pouco, derrubando todo poder ilegítimo, até constituir sociedades organizadas a partir de princípios racionais. Como foi dito, esse edifício se sustenta sobre a confiança posta na razão, a qual, em última instância, legitima tanto a aspiração à autonomia quanto à emancipação.

Desde a época moderna, a Pedagogia como reflexão sobre a educação é, diretamente, uma consideração sobre a evolução da humanidade rumo a sua autonomia e, indiretamente, uma ponderação sobre a melhor forma de manter a coesão social com indivíduos autoconscientes e livres. Dito de outra forma, a pedagogia é uma reflexão sobre a conciliação entre as demandas do indivíduo e as necessidades da comunidade. Tanto a racionalidade quanto a liberdade são constitutivas da subjetividade, mas não se desenvolvem naturalmente e, portanto, precisam desse processo eminentemente social destinado a acertar os interesses dos indivíduos com os do conjunto da sociedade.

As reflexões que Adorno faz sobre educação, e que aparecem no texto *Educação para a emancipação* (1959-1969), seguem a mesma linha do segundo prefácio da *Dialética do esclarecimento*: para trabalhar tanto teórica como praticamente, ao menos no campo da educação, precisa-se recuperar um projeto social que permita pensar, minimamente, que a emancipação é ainda possível e que essa conquista depende da ação racional do homem. A pergunta seria de onde extrai Adorno esse potencial de racionalidade que lhe permite entender a educação em estreita relação com a política e com a ética e, ainda mais, entendê-la como uma tarefa que pode contribuir para evitar a catástrofe.

Reconhecer a interdependência entre educação, formação, autonomia e democracia é situar-se, sem mediações, no espaço da reflexão moderno-iluminista. Adorno reflete sob o amparo dessa concepção, de modo que, tanto nas quatro conferências que compõem o texto, quanto nas conversações desenvolvidas com Hellmut Becker, na Rádio de Hesse, retoma e trabalha as categorias teóricas e as preocupações práticas de um autor moderno, como ele mesmo diz reiteradamente, recuperando Kant.

Nesse sentido, Adorno afirma que os autoritários que querem impor preceitos de fora "se opõem à idéia de um ser autônomo, emancipado, tal como Kant a formulou, de modo ainda não superado, na exigência para a humanidade, de livrar-se de uma minoria de idade da qual é ela mesma culpável" (Adorno, 1998a: 95).

Apresentando todos os matizes que pudemos pensar e que tentamos colocar no texto, nossa hipótese é que essas e outras afirmações sobre educação não podem legitimamente ser extraídas nem relacionadas como o diagnóstico que apresenta a *Dialética do esclarecimento*. Temas como a consciência autônoma do sujeito, a luta contra a barbárie e a educação para a emancipação não se assentam na crítica radical à racionalidade moderna e à sociedade administrada, que, segundo Adorno, a razão instrumental engendrou. Isto é, não se assentam no conteúdo da *Dialética do esclarecimento*, nem na forma que assume a *Dialética negativa*, senão em posturas muito mais tradicionalmente modernas, baseadas em uma racionalidade que ainda não havia passado pelo tamis de uma crítica radical.

Contudo, no campo da pedagogia, Adorno adota uma estratégia de argumentação afirmativa desligada da totalidade administrada da sociedade e, por esse motivo, ainda pode entender o processo educacional como uma parte da luta contra a nova barbárie que a civilização ocidental produziu e continua produzindo.

Como argumentar que, no marco de uma totalidade administrada, a educação funcione como estratégia de emancipação? Tanto nas quatro conferências mencionadas, como nas restantes conversações com Hellmut Becker, na época diretor do Instituto Max Planck para a Pesquisa em Educação de Berlim, os temas mais comuns que sempre têm sido abordados pela pedagogia ou pela teoria de educação, dentro de uma perspectiva de educação moderna e, conseqüentemente, emancipatória, são retomados por Adorno, no mesmo sentido em que a pedagogia moderna coloca tais temas, tendo como referência um horizonte de possibilidades e expectativas a serem atingidas. Assim, temas como educar para a emancipação, para a autonomia, para a democracia e contra a barbárie, resgatar o papel da experiência e do conhecimento vão sendo colocados na mesma perspectiva em que classicamente o foram por filósofos, sociólogos e pedagogos da grandeza de Rousseau, Kant, Dewey ou Durkheim.

Dito de outra forma, e não negativamente, para referir-se ao tema educacional, Adorno retoma, e diz isso explicitamente, o modelo kantiano: um modelo social que lhe permitiria pensar que a luta contra a barbárie ainda tem sentido e pode frear a marcha rumo ao mundo administrado. Isto é, para fazer teoria de educação crítica não basta a crítica, nem a denúncia tenaz, embora não haja por que abandoná-las. Se, no campo da filosofia, Adorno pode mover-se livremente entre aporias, não parece possível fazê-lo da mesma forma no âmbito da educação, quando a intenção continua sendo transformar o mundo em direção a uma humanidade reconciliada.

> A exigência de emancipação parece evidente em uma democracia. Para precisar esta questão vou me referir só ao começo do breve tratado de Kant intitulado "Resposta à pergunta: O que é Ilustração?" [...] "A ilustração é a saída do homem de sua menoridade autoculpável". Considero que este programa de Kant, que nem com a mais má vontade poderia alguém acusar de obscuro, continua estando hoje sumamente vigente. A democracia descansa sobre a formação da vontade de cada indivíduo particular, tal como se sintetiza na instituição da eleição representativa. Para que disso não resulte a sem-razão, deve-se dar por supostos o valor e a capacidade de cada um de servir-se de seu entendimento. (Adorno, 1998a: 115)

Só para exemplificar, lembramos mais um parágrafo:

> Quisera seguidamente me arriscar, apoiando-me sobre um único pé, a presentear o que antes de tudo concebo como educação. Não precisamente a chamada formação das pessoas, pois ninguém tem o direito de formar pessoas desde fora; porém tampouco a simples transmissão de conhecimento, onde o morto e o coisificado tem sido tantas vezes sublinhado, e sim a consecução de uma consciência cabal. [...] O que significa que para não limitar-se simplesmente a funcionar, senão para trabalhar de acordo com seu conceito, uma democracia exige pessoas emancipadas. Não é possível representar-se uma democracia realizada senão como uma sociedade de emancipados. (Ibid.: 95)

E assim poderíamos continuar acrescentando citações férteis em conteúdo sobre a relação entre educação e democracia, educação e experiência, educação e conhecimento científico, discussões contra a educação autoritária e a favor da criatividade etc. Não obstante, como diz Gerd Kadelbach, editor de *Educación para la emancipación* e autor do prólogo:

> Só muito dificilmente poderá resolver-se, sem dúvida, a contradição existente entre este compromisso publicístico de Adorno e aquela formulação da Dialética Negativa que põe em questão tal compromisso: "Quem defende a conservação da cultura, radicalmente culpável e desgastada, se converte em cúmplice, quem a reusa, fomenta imediatamente a barbárie que a cultura revelou ser". (Adorno, 1998a: 13)

O próprio Adorno parece demonstrar que as reflexões sobre a educação crítica com um fim determinado, "o de evitar que Auschwitz se repita", remetem necessariamente a um ponto de partida em que se deve pressupor a subjetividade autônoma e uma sociedade que, mesmo de maneira incerta, ainda possa marchar contra a catástrofe.

No breve espaço que Adorno dedicou à educação não fez mais que buscar respostas às perguntas fundantes da pedagogia, e as respondeu com a carga do horror vivido, mas com uma esperança moderna no papel que possa desempenhar a educação.

Colocado o problema dessa maneira, e para os fins de nosso trabalho, parece que a pergunta pelas condições de possibilidade de uma teoria crítica de educação requer uma racionalidade emancipatória, que parta, ao mesmo tempo, de uma crítica radical à sociedade e permita, tanto teórica quanto metodologicamente, pensar um horizonte de possibilidades a serem construídas. Em outros termos, se o homem contemporâneo não pode ser ingênuo com relação à idéia de progresso social, ou de uma filosofia da história progressista, isso não implica necessariamente o abandono de uma perspectiva emancipatória que agora deve ser construída revisando e, talvez, revisitando a própria Modernidade. Sob essa perspectiva, Habermas recoloca o problema da racionalidade e a ele recorremos com a finalidade de poder continuar nosso trabalho teórico.

Capítulo III

Habermas: a recuperação da dimensão emancipatória da razão

Do otimismo dos filósofos do século XVIII, não resta muito na contemporaneidade, mas "o que sim continua dividindo os espíritos é a questão se temos que seguir sustentando as intenções da Ilustração, por mais refletidamente que seja, ou se temos que dar por perdido o projeto da Modernidade [...]" (Habermas, 1999b: 463). Com essa questão que Habermas coloca, quase ao final da *Teoria da ação comunicativa* (*Theorie des kommunikativen Handelns*, 1981), e que guia toda a análise do *Discurso filosófico da Modernidade*, só queremos delimitar o contexto no qual se desenvolveu e está se desenvolvendo este exame das condições de possibilidade de uma Teoria Crítica da Educação no mundo contemporâneo.

1. Ação comunicativa e Teoria Crítica da Educação

> [...] a perspectiva da emancipação não se origina precisamente do paradigma da produção, mas do paradigma da ação orientada para o entendimento recíproco. É a forma dos processos de interação que tem de ser alterada, se se quer descobrir praticamente o que os membros de uma sociedade poderiam querer em cada situação e o que deveriam fazer no interesse comum. (Habermas, 2000b: 119)

Como já foi colocado, este trabalho pretende pensar a possibilidade de "reconstrução" de uma Teoria Crítica da Educação, capaz de retomar sua tradição propositiva e prescritiva. Mas, antes disso, é preciso refletir sobre as condições de possibilidade de tal teoria. Com esse fim, foi apresentado um breve estudo sobre a Modernidade e seu projeto social e educacional, e um outro sobre a crítica à racionalidade ocidental, elaborada na primeira fase da Teoria Crítica da Sociedade. Serve e serviu de fio condutor a esta apresentação uma filosofia que procura recolocar o tema da legitimidade da teoria social crítica, com a convicção de que essa abordagem facilita a reflexão sobre os alcances e restrições de uma Teoria Crítica da Educação.

Neste capítulo trataremos do tema da Modernidade na reelaboração habermasiana e a sua teoria da *ação comunicativa* como concepção que permitiria superar as aporias às quais o pensamento crítico chegou, não só com a primeira fase da Teoria Crítica da Sociedade, mas, especialmente, através dela, com o propósito de expor as condições de possibilidade de uma Teoria Crítica da Educação.

Como já foi expressado, o nosso desafio é fazer uma Teoria Crítica da Educação capaz de refletir sobre a educação em sua dupla dimensão, como corpo de conhecimento teórico e como fato prático que necessita ser orientado, mas agora sem o substrato que supõe a filosofia da história.

Nesse contexto, a concepção teórica de Habermas parece ser o solo onde se pode assentar uma teoria crítica da educação, porque possibilitaria recuperar o potencial transformador da crítica e, conseqüentemente, sua natureza emancipatória, que é uma das tendências características da Teoria Crítica da Sociedade, retomada por Habermas. Em outras palavras, entendemos que recuperar uma crítica de caráter emancipatório se torna vital para uma teoria de educação que pretenda dar conta de sua dimensão prática.

Trabalharemos alguns conceitos básicos que têm incidência direta sobre a problemática deste trabalho, tal como tem sido desenvolvido até agora. Não é de nosso interesse apresentar a *Teoria de ação comunicativa*, mas sim tê-la como base desta análise.

A justificativa da escolha, tanto do autor quanto da obra, reside em um tema que tratamos ao longo do primeiro e do segundo capítulos: refletir criticamente sobre educação requer a recuperação de uma crítica que, por um lado, exceda os limites da denúncia e, por outro, recupere a dialética entre crise e utopia, ou melhor, retorne a um pensamento de caráter emancipatório que deveria ser elaborado fora das fronteiras da filosofia da subjetividade.

Retomar essa senda implica, para uma Teoria Crítica da Educação, debater novamente objetivos e fins que foram questionados pelas críticas às metanarrativas modernas. Esses objetivos poderiam resumir a aspiração que teve e deveria ter a educação: contribuir para a formação de sociedades mais justas e solidárias, e para que nelas a dignidade da vida humana recupere sua centralidade.

Colocar essas questões essenciais ao desenvolvimento da teoria de educação na Modernidade abre a possibilidade de delimitar um critério do que seria uma teoria educacional crítica. Ela assume e compartilha muitos dos questionamentos feitos ao projeto moderno-iluminista, produzidos tanto do ponto de vista filosófico — alguns dos quais temos desenvolvido —, quanto do ponto de vista histórico, vale dizer, da perspectiva de sociedades do Terceiro Mundo que, em boa medida, têm sido subjugadas ao império de uma racionalidade técnica e monológica, cujas ambições universalistas adquiriram visos de violência e destruição.[1]

Para ir além disso, é preciso recordar que as críticas ao logocentrismo da razão ocidental já estão presentes no próprio pensamento moderno, embora, segundo Habermas, estivessem fadadas ao fracasso, por continuarem presas ao paradigma da filosofia do sujeito, tanto na vertente que vai de Descartes a Kant, quanto na iniciada por Nietzsche.[2]

Muito embora compartilhemos de algumas críticas à Modernidade, no sentido antes expressado, também entendemos que ela se constituiu sobre ideais libertários e de "universalismo moral", democráticos e solidários, tema que expusemos no primeiro capítulo. Portanto, tal como

---

1. Ver as críticas ao eurocentrismo e ao etnocentrismo iluminista, especialmente dos anos 1960 e 1970, e algumas mais atuais, elaboradas por autores latino-americanos. Tais críticas foram desenvolvidas essencialmente no contexto das teorias da Libertação, da Teologia da Libertação, e das abordagens das ciências sociais adjetivadas como de Libertação, Sociologia, Pedagogia, Antropologia etc. Cf., entre outros, Dussel (2000; 1994); Sidekum (1994).Citamos esses autores, entre muitos outros, porque eles parecem ter compreendido que o pensamento latino-americano deve empreender o esforço do diálogo com algumas vertentes e autores do pensamento europeu contemporâneo, superando por uma atitude dialógica a etapa do enfrentamento que só leva a um fechamento inviável da teoria na contemporaneidade. Dentro dessa corrente de pensamento tem grande relevância a obra de Paulo Freire, especialmente a *Pedagogia do oprimido*.

2. Cf., entre outros, Habermas (2000b, esp. p. 121 e seg.).

está referido na sistemática habermasiana, a Modernidade deve e pode ser, ao mesmo tempo, criticada e reconstruída.

Posto o problema dessa maneira, nossa concepção sobre o que "deve ser" uma Teoria Crítica da Educação não excederia o âmbito de uma declaração de princípios éticos e políticos, se não pudéssemos ultrapassar o espaço concreto da crítica como denúncia ou a concepção que reivindica as utopias modernas sem revisão alguma, o que levaria a sustentar uma posição nostálgica. No entanto, o pensamento habermasiano nos permite superar as duas questões: a) podemos legitimamente fazer uma declaração de princípios e b) podemos reafirmar certos ideais modernos, pois o exame crítico do processo de modernização e de racionalização está, antes de tudo, preocupado em não ficar nos estreitos limites de um "dever ser", sem ancoragem histórica, e nem ser uma prédica que, por ignorar as transformações do tempo presente, coloque ideais próprios da Modernidade sustentados em categorias de análises que, há muito tempo, demonstraram ter chegado ao seu fim. Nesse sentido, a sistemática reconstrutiva de Habermas lhe possibilita analisar com detalhe os claro-escuros da época moderna e propiciar sua continuidade sob uma outra perspectiva teórica.

Voltar às fontes filosóficas da Modernidade, com uma nova estratégia conceitual, permite diferenciar os problemas que ela mesma apresentou. Permite, ao mesmo tempo, examinar suas ambigüidades e, ainda, comprovar que esse discurso normativo expresso pela época moderna, sobretudo na sua filosofia da história, pode ser reconstruído; pode também mostrar que as críticas que desde Kant pretendem superá-lo já estão contidas nas próprias operações discursivas da Modernidade (Habermas, 2000b: 412). Nisso, talvez, resida o seu maior paradoxo: a Modernidade se afirma como crítica de si mesma.

Tal hipótese autoriza Habermas a discutir com diversos filósofos o tema do fim da Modernidade, recolocando-o da seguinte maneira: é a "filosofia da história" proposta pela Modernidade clássica a que não pode mais ser sustentada. A normatividade originada na idéia de uma razão teórica e de um sujeito de consciência autônoma disposto a dominar um mundo de objetos chegou, como estratégia de análise, a um ponto crítico. No entanto, os paradoxos que a dialética do esclarecimento apresentou, revelados pelas análises de teóricos como Marx, Weber, Adorno, Horkheimer, e que estão longe de ser resolvidos, devem ser retomados de uma perspectiva teórica, capaz de dar conta da construção intersubjetiva do mundo, da qual participam todos os homens capazes de linguagem e ação.

Habermas pretende que a *ação comunicativa* e seu conceito complementar de *mundo da vida* substituam o potencial utópico da filosofia da história, superando-a por meio de uma racionalidade situada historicamente, permitindo, assim, que ela se liberte do ônus do pensamento metafísico.

> as formas de vida particulares [...] exibem também as estruturas comuns dos mundos da vida em geral. Mas essas estruturas universais só se exprimem nas formas de vida particulares mediante o medium da ação orientada ao entendimento, por meio do qual elas devem se reproduzir. [...] Essa é também a chave para a racionalização do mundo da vida e para a liberação sucessiva do potencial da razão, assentado na ação comunicativa. Essa tendência histórica pode explicar o conteúdo normativo de uma Modernidade ameaçada ao mesmo tempo de autodestruição, sem recorrer às construções auxiliares da filosofia da história. (Habermas, 2000b: 452-453)

As críticas à Modernidade, que simplesmente anunciam o fim da filosofia da história moderna e o rompimento da dialética entre crítica, crise e utopia, ao invés de se libertarem de seu peso, converteram-na em uma filosofia da história negativa. A crítica ao processo de modernização continua cativa de uma filosofia do sujeito que não deixou outra alternativa senão a negação ou a imobilização da própria dialética.[3]

> Tão pronto como a crítica da razão instrumental não pode proceder em nome da razão mesma, perde — e com ela a crítica da Modernidade — seu próprio fundamento normativo. Adorno converteu a necessidade da aporia [...] em virtude da dialética negativa. Manteve-se fiel à empresa de uma crítica confessadamente paradoxal, "carente de fundamento", na medida [em] que desmente precisamente as condições que devem cumprir-se para que seja possível a ação da crítica exercida *in actu*. (Habermas, 2000c: 181)

A necessidade de continuar discutindo o alcance dessa pretensão superadora, que a concepção habermasiana estabelece, corresponde à

---

3. Cf., entre outros, Wellmer (1993: 51-112, 133 e seg.) e Bronner (1997: 219 e seg.).

natureza da própria Teoria Crítica. Nessa discussão há e haverá posições diversas e até contrárias, mas para aqueles que se movem no âmbito da educação, com sua dupla dimensão teórica e prática, e aspiram recuperar a legitimidade de um saber questionado na contemporaneidade, a perspectiva da *ação comunicativa* e seu conceito complementar de *mundo da vida*, como substitutos da filosofia da história, abre para a pesquisa pedagógica duas vias. Diremos que ambas são igualmente instigantes: a) a possibilidade de elaborar um programa de pesquisa, seguindo a estratégia teórica de reconstrução do pensamento pedagógico moderno para que se analise se é possível, e sob quais condições, recuperar o caráter normativo e propositivo da pedagogia — e é nesse contexto que este trabalho poderia inserir-se; b) a exigência de elaborar um programa de pesquisa sobre os alcances de um modelo comunicacional-dialógico em educação, no qual as assimetrias entre mestres e alunos, a necessidade de transmitir conhecimento e os avanços da administração e da burocratização sobre os sistemas educativos são elementos inocultáveis. No contexto desses lineamentos gerais, e, talvez, em muitos outros, pode-se ler o aporte da teoria de *ação comunicativa* para a teoria de educação.

2. Modernidade, aporias e uma nova leitura

Como já foi explicitado no primeiro capítulo deste trabalho, a Modernidade como novo tempo histórico é percebida em toda a sua dimensão por Hegel, que, ao colocar o tema da subjetividade, destaca, ao mesmo tempo, a ruptura da Modernidade com o passado e sua necessidade de autocertificação. Os herdeiros de Hegel, porém, produzem uma outra ruptura: ao se distanciarem de seu pensamento, eles acabam distanciando-se da filosofia em geral, de modo que "[...] estão em curso aqueles gestos triunfantes de *suplantação* recíproca, com os quais descuidamos do fato de que *permanecemos* contemporâneos dos jovens hegelianos", dos quais se originam três partidos: a "direita hegeliana" a "esquerda hegeliana", e Nietzsche (Habermas, 2000b: 76).

Todos os três coincidem no fato de que "aos processos de aprendizado que levaram o século XVIII ao conceito de Iluminismo está associada uma auto-ilusão profunda". Coincidem, aliás, em outro ponto: o sujeito só "toma consciência de si ao preço da objetivação da natureza exterior e interior" (ibid.: 79).

> Uma vez que esse regime de uma subjetividade dilatada em falso absoluto transforma os meios da conscientização e da emancipação em outros tantos instrumentos da objetivação e do controle, ele se proporciona uma imunidade sinistra nas formas da dominação oculta. [...]. Todos os partidos são unânimes: *essa* fachada de vidro deve ser estilhaçada. (Ibid.: 80)

Hegelianos de direita e de esquerda se enfrentam e acreditam na mútua possibilidade de *suplantação*. Os primeiros acham "que a substância do Estado e da religião compensará a inquietação da sociedade burguesa, [...]", e os hegelianos de esquerda querem "[...] mobilizar o potencial da razão, [...] que aguarda ser liberado contra a racionalização unilateral do mundo burguês". Entretanto, Nietzsche resume o problema da razão na "vontade de poder", entendendo que "a razão não é mais do que poder, do que a vontade de poder pervertida que esconde tão esplendidamente" (Habermas, 2000b: 81).

A crítica que dá por encerrada a época moderna tem duas vertentes: a) uma Neoconservadora, que afirma ter chegado o fim da Modernidade, porque acabou o processo de modernização cultural, embora continue o processo de modernização social autonomizado. Essa linha de pensamento é apresentada em *O discurso filosófico da Modernidade* ao longo de sua trajetória, desde Parsons até a "Teoria de sistemas" reelaborada por Niklas Luhmann. Eles afirmam que a relação interna entre Modernidade e racionalidade, que até Max Weber era evidente por si mesma, chegou a seu fim; b) uma corrente Anarquista que dá por concluído o ciclo da Modernidade pelo esgotamento não só do processo de modernização cultural, mas também social. Nietzsche estaria na origem dessa postura (ibid.: 3-33).[4]

Apesar de Adorno e Horkheimer terem feito uma crítica radical à razão ocidental, que acabou por ser também uma crítica radical à Mo-

---

4. Colocamos o termo Anarquista no sentido que Habermas atribui a ele sem fazer referência a qualquer outra acepção. "No entanto, entre os teóricos que não consideram que tenha ocorrido um desacoplamento entre Modernidade e racionalidade, a idéia da pós-modernidade apresenta-se sob uma forma política totalmente distinta, isto é, sob a forma "anarquista". Reclamam igualmente o fim do esclarecimento, ultrapassam o horizonte da tradição da razão, da qual a Modernidade européia entendeu outrora fazer parte, e fincam o pé na pós-história."

dernidade, eles empreenderam tal crítica com a intenção de salvar a razão de sua redução instrumental, sobretudo porque a esperança de reconciliação do homem com a natureza dominada sempre esteve presente. Os limites a que chega essa construção teórica não invalidam o intento.

A busca de fazer uma leitura de Weber em chave marxiana e, ao mesmo tempo, a proximidade de Nietzsche e Schopenhauer é o que torna estimulante seu pensamento e complexo o arcabouço argumental que seguem, pois, ao entenderem o processo de racionalização como reificação, acabam em uma concepção teórica inexeqüível (ibid.: 182 e seg.).

> A Dialética da Ilustração de Horkheimer e Adorno pode ser compreendida como uma re-tradução das teses weberianas à linguagem da filosofia hegeliano-marxista da história. (Habermas, 2000c: 181)

A proximidade entre os frankfurtianos e Nietzsche, e, principalmente, a análise que Habermas apresenta sobre esse tema, em *O discurso filosófico da Modernidade*, gera muita polêmica entre autores críticos de Habermas.[5]

Além dessa discussão, o pensamento da primeira fase da Escola de Frankfurt, como tratamos de mostrar no capítulo anterior, chega a aporias que, da perspectiva da teoria de educação, parecem inviabilizar qualquer reflexão que não acabe afirmando a impossibilidade da própria educação.

> Uma teoria filosófica com uma auto-interpretação tão dramática não pode deixar mais um vestígio sequer, nem elementos ou tendências da mesma realidade histórica para justificar a idéia enfática da razão que se opõe, não obstante, à racionalidade pervertida da realidade social existente. [...] estes problemas metateóricos de estratégia conceitual estão evidentemente relacionados com o conteúdo substantivo da análise teórica; esta é a razão de às vezes parecer necessária uma revisão das estratégias conceituais para salvar o conteúdo de verdade das grandes teorias.[6]

---

5. Cf. nota de rodapé número 12 neste mesmo trabalho.

6. Wellmer, A. "Razón, utopía y la dialéctica de la ilustración". *Habermas y la modernidad. Et al.* Madrid: Cátedra, 1994, pp. 83-88.

Desse modo, o mérito de Habermas está na tentativa de uma reconstrução "sistemática" do pensamento moderno e contemporâneo com uma nova "estratégia conceitual" que, entre outras coisas, e pelo tema que nos interessa, torna possível salvar o "significado profundo" da "Teoria Crítica". Suas revisões conceituais permitirão "reconstruir" e continuar a Teoria Crítica, salvando seu conteúdo — o que acaba sendo muito importante para pensadores iluministas como Horkheimer e Adorno, que, já no começo da *Dialética do esclarecimento*, proclamam que "a superioridade do homem está no saber" (Adorno e Horkheimer, 1985: 19).

> Mas como desenvolver [...] a idéia de reconciliação [...] se o único caminho que se oferece é de uma dialética negativa e este é um caminho que não se mostra discursivamente praticável? Esta dificuldade de dar conta de seus próprios fundamentos normativos vinha atormentando desde o início à Teoria Crítica; mas quando Horkheimer e Adorno realizam, em princípio dos anos quarenta, o giro em direção à crítica da razão instrumental, essa dificuldade se faz absolutamente visível. (Habermas, 1999b: 476)

Não obstante, a crítica proveniente da Escola de Frankfurt e a pretensão de superação da Modernidade, procedente tanto do anarquismo como do neoconservadorismo, têm outros denominadores comuns, além dos já assinalados: são, todas elas, críticas auto-referenciais, que se valem da razão para criticar a própria razão e que apelam à idéia de subjetividade para criticar o sujeito moderno, até afirmar que ele está morto. Essas contradições acabam sendo desenvolvidas em discursos que tomam a forma de ensaios, ou de saberes de fronteira entre a literatura e a ciência. Por causa disso, conseguem desviar-se de certas críticas que, de outra maneira, os atingiriam se assumissem explicitamente o espaço da produção de seu discurso. Nietzsche, Heidegger, Derrida, Foucault, Bataille e também Adorno são exemplos dessa deslimitação. Embora alguns desses discursos possam contrapor-se a outros nas suas táticas explicativas ou expositivas, todos eles coincidem em relação à idéia de que, com o esgotamento epistêmico da Modernidade, a perspectiva emancipatória e libertadora, que impunha o universalismo ético e a democracia política, chegou a seu fim.

Os resultados dessas perspectivas "diferentes" acabam identificando racionalidade moderna e "poder", ou colocando "o outro da razão" como o "não-idêntico", o "excluído", ou o "rejeitado" pela razão totalizante. Conseqüentemente, toda a Modernidade teria sido um grande erro que conseguiu iludir o homem com sonhos de liberdade e de igualdade. A crítica, agora sim, desencantada, chegou para pôr fim a quimeras e ilusões não cumpridas.

Não obstante [...] também em um outro aspecto são afins as variantes de uma crítica da razão que desconsidera seus próprios fundamentos. Elas se deixam guiar por intuições normativas que ultrapassam os limites daquilo que podem acomodar no "outro da razão", indiretamente evocado. Ora, se a Modernidade é descrita como um contexto de vida reificado e explorado, tecnicamente controlado ou totalitariamente dilatado, submetido a relações de poder, homogeneizado e encarcerado, as denúncias são sempre inspiradas por uma especial sensibilidade para ferimentos complexos e violações sutis. Nessa sensibilidade inscreve-se a imagem de uma intersubjetividade ilesa que, de início, o jovem Hegel tivera em mente como totalidade ética. (Habermas, 2000b: 468)

Essa sensibilidade, que não cessa de acusar, acreditou e pressentiu um destino melhor para a humanidade, e é ela que põe em dúvida as "totalidades administradas", permitindo empreender uma nova leitura do mundo moderno. Essa nova leitura aspira analisar a possibilidade de substituir aquela "totalidade administrada" para retornar à idéia de "totalidade ética" por um caminho que não foi explorado, mas que sempre esteve presente. A volta a Kant e a Hegel, como fontes da Modernidade clássica, é necessária porque essa sensibilidade ferida, submetida ao desencanto, deu por terminada a esperança da emancipação em lugar de tentar outras vias de reflexão.

É nesse sentido que a obra de Habermas e seu esforço reconstrutivo[7] abrem uma perspectiva produtiva para a Teoria Crítica da Sociedade e também para a Teoria Crítica da Educação.

> Uma razão pela qual muitos críticos de Habermas, inclusive críticos simpatizantes, têm ficado perplexos ante seu "giro lingüístico" é que durante quinze anos passados ele tem se preocupado mais em elaborar, justifi-

---

7. Cf. Habermas (2000b; 1998; 1983) e McCarty (1992: esp. p. 137 e seg.). Recomendamos a leitura desses textos porque neles podem-se encontrar os diferentes sentidos em que Habermas utiliza o conceito de "reconstrução".

car, e desenvolver os detalhes de seu ambicioso programa de pesquisa, de uma Teoria da ação comunicativa ou pragmática universal, do que em comprometer-se com a prática da crítica emancipatória. Porém, a razão fundamental desta ênfase deveria ficar clara agora. A mesma inteligibilidade da crítica emancipatória — se é que há de fugir da acusação de ser arbitrária e relativista — requer uma clarificação e justificação de seus fundamentos normativos. Isto é, o que tenta estabelecer a teoria da ação comunicativa. (Bernstein et al., 1994: 37)

Das múltiplas análises sobre a já imponente obra habermasiana, essa afirmação parece colocar a questão central do valor que tem na contemporaneidade um autor que busca ultrapassar os difusos e confusos espaços do conhecimento em ciências sociais, que se preocupa em repensar as relações entre a filosofia e a ciência, e que volta a colocar o tema central da racionalidade como problema de uma teoria social. Mas, fundamentalmente, um autor preocupado em encontrar uma nova legitimidade para o pensamento crítico-emancipatório no momento em que as estruturas que o sustentavam, começaram a tremer.

Por isso, o projeto de uma certificação autocrítica da modernidade tem sido prosseguido com ajuda de um outro conceito de razão: o de uma razão "situada" e encarnada na linguagem. (Habermas, 2000c: 169)

Membro da segunda fase da Teoria Crítica da Sociedade, Habermas empreende a "reconstrução" de uma racionalidade complexa que permite recuperar o projeto moderno naquilo que ele teve e tem de libertador e emancipatório.

Por isso, Habermas estabelece um diálogo permanente, não só com Kant e Hegel, mas também com Marx, Weber, Lukács, Horkheimer, Adorno e Marcuse, com o objetivo de superar suas colocações iniciais e recuperar uma reflexão cuja natureza é ainda muito fecunda. Na mesma direção, e com a mesma disposição crítica, volta ao projeto interdisciplinar do "Instituto de Pesquisa Social", explicitado em *Teoria Tradicional y Teoria Crítica*, com a intenção de continuá-lo, agora, sob o paradigma da ação comunicativa.

No uso filosófico da linguagem, a teoria se transforma em perspectiva de cosmos. [...] Este conceito da teoria e de uma vida na teoria tem determinado a filosofia desde o início. À separação entre teoria no sentido desta tradição e teoria no sentido da crítica tem consagrado Max Horkheimer uma de suas mais relevantes pesquisas. Hoje, depois de quase uma geração, eu retomo este tema [...]. (Habermas, 1999b: 160)

3. Weber e Piaget: aportes para a substituição da filosofia da história

A filosofia da história moderna foi explicando o processo de racionalização, a partir do modelo das ciências naturais, e assentando a evolução da sociedade em processos de aprendizagem individual e social.

Embora Kant estivesse preocupado com as condições de racionalidade da ciência, os alcances e limites do conhecimento, a filosofia da história moderna foi se preocupando cada vez mais com a difusão e menos com a fundamentação dos saberes em geral e do conhecimento científico em particular.

Condorcet havia concebido e radicalizado sua idéia de uma filosofia da história, modelando-a através da evolução da física e em estreita relação com um processo de produção e difusão do saber que possibilitaria, a um só tempo, o progresso e a evolução moral da sociedade. Dessa forma, primeiro a filosofia da história e, depois, o evolucionismo darwinista fundiram razão teórica e prática.

A esperança na acumulação de conhecimentos para dirigir a mudança social em direção ao progresso gera, na Modernidade clássica, um numeroso grupo de intelectuais que se dedica mais a difundir os resultados da ciência que a produzi-los. Esse processo de difusão do saber implica levar adiante a luta contra o obscurantismo e o dogmatismo,[8] luta na qual se entrelaçam motivos intelectuais, éticos e políticos. Do Iluminismo, do combate ao dogmatismo, da aspiração à cidadania, da democracia política nasce a Educação Pública Estatal.

Essa concepção do progresso social identificado com o progresso da ciência e da técnica começa, porém, a mostrar sua debilidade. Se durante certo tempo foi possível pensar que o desenvolvimento da ciência se estenderia, ocupando o espaço deixado pela religião e a filosofia, em

---

8. Cf. o primeiro capítulo deste trabalho.

termos de interpretação do mundo e de sentidos evolutivos outorgados à história, a idéia entra em crise quando os processos de racionalização, diversos em suas especificidades, parecem mostrar-se incapazes de produzir imagens unitárias do mundo. Quando elas começam a fragmentar-se e já não conseguem orientar a vida individual e comunitária, também se observa que a ciência e a técnica não podem substituir essa função de integração social e reprodução simbólica do mundo. Nem a ciência nem a técnica conseguem explicar os sentidos profundos da vida, da solidão, da dor, da morte, aos quais o homem está exposto, nem cobrir as necessidades de interpretação dos coletivos sociais.

Esse vazio que o processo de racionalização, entendido a partir da filosofia da história de características cientificistas e deterministas deixa, é o ponto de partida da investigação de Weber que, em lugar de analisar a evolução da ciência natural para explicar o fim das sociedades tradicionais, como ocorreu no Ocidente, analisa a evolução das imagens religiosas do mundo, sob o conceito de "desencantamento". Contudo, ainda afastando-se da filosofia da história, e chegando a ampliar a análise da racionalidade, Weber não entende a autonomia dos processos de racionalização social e cultural como aumento de racionalidade. Muito pelo contrário, acha que o avanço dos processos de modernização social é o responsável pela transformação da sociedade toda em "Gaiola de ferro" (Habermas, 1999b, v. II: 427 e seg.).

Mesmo que Max Weber interprete "a modernização da sociedade velho-européia como resultado de um processo histórico-universal de racionalização", ele rompe com as premissas da filosofia da história e do evolucionismo, abordando a temática da racionalidade em um contexto científico e submetendo "os processos de racionalização a esmerados estudos empíricos [...]" (Habermas, 1999b, v. I: 197).

> Tal como Marx, também Max Weber entende a modernização da sociedade como o processo pelo qual emergem a empresa capitalista e o Estado Moderno. [...] O núcleo organizativo da economia capitalista o constitui a empresa capitalista [...] O núcleo organizativo do Estado o constitui o "instituto" (*Anstalt*) ou aparato racional do Estado [...]. (Ibid.: 214-215)

Para o sociólogo alemão, tanto a economia capitalista quanto o Estado moderno se relacionam e se equilibram mutuamente através do

Direito positivo. Estes dois subsistemas organizam-se com base em meios não-lingüísticos: dinheiro e poder.

Mas Weber também analisa as conseqüências do processo de racionalização na ordem da cultura. As sociedades tradicionais se caracterizavam pela coesão que as tradições e as religiões outorgavam a seus membros, permitindo uma convivência organizada e, além disso, dando orientações para a ação individual, definida pelo acordo com relação a fins e a valores. Isto é, um sujeito que agia na sociedade para alcançar um objetivo não estava desamparado de valores compartilhados por todos os membros da sociedade ou ao menos da comunidade — valores que, ao mesmo tempo, outorgavam "sentido" à ação e proporcionavam o caminho da integração social.

> As imagens míticas do mundo não são entendidas por aqueles que as compartem como sistemas de interpretação que vão conectados a uma tradição cultural [...] que vão associadas a pretensões de validade e que, por conseguinte, estão expostas à crítica e são susceptíveis de revisão. [...] [é] a falta de reflexibilidade o que impede que [...] possa ser identificada como imagem do mundo ou tradição cultural. (Habermas, 1999b, v. I: 82)

Quando o marco global das sociedades tradicionais cedeu aos efeitos do processo de racionalização, produziram-se, também, rupturas e crescimentos desiguais nas distintas esferas que compõem a cultura, a arte, a moral, o direito e a ciência. Tal fratura foi originada como conseqüência da autonomização dessas esferas e de uma acumulação de conhecimentos especializados em cada uma delas, o que as converteu em subsistemas com problemas específicos. Assim, vai-se produzindo um processo de "desencantamento do mundo", originado pela ciência moderna, que "acaba em uma aristocracia afraternal da possessão racional de cultura" (Weber, apud Habermas, 1999b, v. I: 217).

Esse conceito de "desencantamento do mundo" tem, em Weber, um conteúdo normativo e guarda uma desilusão profunda de quem vê que a racionalização que propôs o projeto da Ilustração gera, ao mesmo tempo, emancipação e reificação. Esse é o paradoxo que tentamos analisar mais detalhadamente no segundo capítulo, ao nos referirmos a Horkheimer e Adorno.

A partir dessa comprovação, as muitas formas de analisar e interpretar o mundo, o sentido da vida e a ação individual parecem todas justificadas e legitimadas pelo fracasso da ordem e do progresso da humanidade, que fundaram as éticas e os sistemas políticos e jurídicos. Com todas as letras, as estruturas simbólicas compartilhadas "desintegram-se num pluralismo de eleições de valor privatizadas".[9]

Na leitura de Weber, o "desencantamento do mundo" define-se como um processo de aumento de conhecimentos parcializados que, simultaneamente, facilitam o domínio da natureza externa e interna do sujeito, e, ao objetivar natureza e sujeito, faz crescer de maneira desproporcional a racionalidade instrumental, ou seja, de uma maneira exponencial, uma racionalidade que se caracteriza pela escolha dos meios mais adequados para conseguir um fim, dessa vez, sem correlação necessária com valores.

> O desencantamento do mundo é, conseqüentemente, o processo histórico através do qual têm surgido aquelas estruturas cognitivas que poderiam apoiar uma concepção de racionalidade especificamente moderna. [...] Em um mundo desencantado, não seria possível nenhuma justificação racional das normas, valores ou formas de organização social [...].[10]

O aumento da burocratização trouxe como conseqüência a "perda de liberdade" e, com a cisão entre moral e ciência, também a "perda do sentido". Resta, então, uma "sociedade administrada" para a qual Weber não vislumbrou saída alguma. Enquanto, para o autor de *Economia e sociedade*, essa dinâmica desemboca sem remédio numa "sociedade administrada", para Habermas a especialização permite a racionalização do *mundo da vida*, pois, quando a tradição já não pode impor interpretações globais e normas, elas devem ser alcançadas mediante um processo comunicativo. Nesse espaço de interpretações, sentidos e normas que devem ser conseguidos através da comunicação, poderia restituir-se à educação um papel destacado com vistas à integração social e à formação da identidade.

---

9. Cf. Habermas (1999b, v. II: 427 e seg.) e Wellmer, A. "Razón, utopía y la dialéctica de la Ilustración". *Habermas y la modernidad* (op. cit.: 74).

10. Wellmer, A. Razón, utopía y la dialéctica de la Ilustración (op. cit.: 76-78).

[...] no nível de uma compreensão do mundo inteiramente descentrada, a necessidade de consenso tem de ser satisfeita cada vez mais freqüentemente mediante um acordo que, ao ter que ser racionalmente motivado, comporta seus riscos — acordo que pode adotar, ou a forma direta de interpretações geradas pelos próprios participantes, ou a forma de um saber profissional de expertos que é, depois, objeto de uma tradicionalização secundária. (Habermas, 1999b, v. I: 435)

A redução da idéia de racionalidade à sua dimensão cognitivo-instrumental não permitiu a Marx, a Weber e nem aos frankfurtianos entenderem que as interações dos sujeitos com o mundo social e com o mundo subjetivo também admitiam o predicado de racionais, porque, de fato, podiam ser submetidas à crítica e à fundamentação.

À susceptibilidade de fundamentação das emissões ou manifestações racionais corresponde, por parte das pessoas que se comportam racionalmente, a disponibilidade a expor-se à crítica e, se for necessário, a participar formalmente em argumentações.
Em virtude dessa susceptibilidade de crítica, as manifestações ou emissões racionais são também *susceptíveis de correção*. [...] O conceito de *fundamentação* está intimamente unido ao de *aprendizagem*. (Ibid.: 37; destaque no original)

Veremos, agora, como Habermas se vale das análises de Piaget para introduzir um conceito de aprendizagem complexo que, ainda centrado na subjetividade, se caracteriza mais pela interação dos sujeitos com mundos diversos que pela capacidade de recepcionar conhecimento.

Abstraindo as conseqüências que, para Weber, trazem os processos de racionalização, é mister perceber que eles também ampliam a possibilidade da crítica às tradições, de autodeterminação dos sujeitos e acentuam a necessidade de coordenação das ações para assegurar a convivência. Esses processos, não determinados pelos costumes ou tradições e nem pela autoridade, já não dependem unicamente da transmissão de conhecimento ou da instrução como mecanismo de integração das novas gerações na sociedade. Na medida em que o acúmulo de conhecimentos está em permanente expansão, modificam-se os rígidos horizontes de interpretação que permitem o pensamento tradicional, isto é, colocam-se em questão aspectos da visão de mundo que, até este momento, se mantinham como aproblemáticos.

As sociedades modernas aceleram os processos de transformação social e, portanto, a integração depende, cada vez menos, da assimilação mecânica de conhecimentos e, cada vez mais, de capacidades de "interpretação" de mundo produzidas sobre o cenário de uma cultura que já oferece interpretações coletivas, mutáveis e sujeitas a permanentes processos de *re-interpretação*, os quais requerem do sujeito uma atividade que não se reduz à assimilação e à repetição de conhecimentos, mas que também os compreende.

Em conseqüência disso, a transmissão de conhecimento, como aspecto privilegiado da educação, fica relativizada: embora continue importante, não é mais a única nem a principal atividade nos processos de aprendizagem, que passam a depender, cada vez mais, da capacidade de interação que os sujeitos têm com os mundos com os quais se relacionam: o mundo social de regras compartilhadas, o mundo objetivo e o mundo subjetivo. O sujeito que conhece, ao mesmo tempo interpreta e constrói os contextos em que vive. Desse ponto de vista, aprendizagem é um processo simultaneamente individual e social, de construção de objetos de conhecimento e não apenas de recepção. Nesse sentido, o conceito de *aprendizagem* comporta a assimilação de conhecimentos, mas também e, principalmente, os processos de *interpretação* e *interação* social.

Para esclarecer melhor essa questão, Habermas retoma as pesquisas de Jean Piaget sobre a evolução da inteligência. Com efeito, as análises de Piaget sobre a evolução ontogenética da inteligência auxiliam na explicação de processos de aprendizagem de novas estruturas do mundo, que provocam sucessivas "descentrações" de um "ego" em relação com mundo objetivo e com mundo social. Essa aprendizagem de estruturas diferencia-se claramente das aprendizagens de conteúdo. Piaget estuda as etapas do desenvolvimento da inteligência não pela acumulação de novos conteúdos "mas por meio dos níveis de capacidade de aprendizagem, que podem ser descritos em termos estruturais. Da mesma forma, poderia ser tratada a emergência de novas estruturas das imagens do mundo" (Habermas, 1999b, v. I: 101).

A aprendizagem é, para Piaget, um processo de mudanças de estruturas mentais pelas quais o sujeito participa dos mundos, *interpreta-os*, compartilha as *interpretações* e neles atua. Poderíamos arriscar a hipótese de que a aprendizagem para Piaget é, em última instância, a "interação" que permite ao sujeito sair de si em direção a mundos ampliados em termos espaço-temporais.

> "Toda relação social é, pois, uma totalidade em si que cria novas propriedades ao transformar ao indivíduo em sua estrutura mental" (Piaget, apud Habermas, 1999b, v. I: 103)
> [...] O resultado que assim obtém Piaget é um desenvolvimento cognitivo em sentido amplo, que não é entendido somente como construção de um universo externo, senão como construção de um sistema de referência para o simultâneo deslinde do mundo objetivo e do mundo social frente ao mundo subjetivo. A evolução cognitiva significa, em termos gerais, a descentração de uma compreensão do mundo de cunho inicialmente egocêntrico. (Habermas, 1999 I: 103)

Habermas utiliza o conceito de "depreciação das interpretações" ou "empurrões depreciadores" para destacar o fenômeno pelo qual as imagens tradicionais do mundo deixam de convencer e já não conseguem influenciar a vida individual e social, com o conseqüente risco de desintegração da sociedade. "Não é esta ou aquela razão a que já não convence: é o tipo de razões o que deixa já de convencer." (Ibid.: 101)

O recurso a Piaget e seus estudos sobre a evolução da inteligência, transpostos para uma perspectiva filogenética, supõem entender a evolução social não como uma filosofia da história, mas como um processo diferenciado de mudança, com base na expansão da racionalidade. Mas agora sabemos que os cursos seguidos pela racionalização, têm uma lógica distinta em cada esfera, ou seja, não é possível esperar o progresso moral da sociedade como necessária conseqüência da difusão do conhecimento.

Sem dúvida, Habermas recorre à "epistemologia genética" porque esta lhe permite transferir o conceito de descentrações do "ego" às imagens unitárias do mundo e introduzir conceitos de mundo complexos e diversos, a partir das relações específicas que "ego" estabelece com eles. Nesse sentido, Piaget aporta noções fundamentais para abarcar em toda a sua complexidade o conceito de razão. O "ego" e suas relações diversas com mundos diversos tanto transformam o contexto, quanto são por ele transformados.

A mudança de perspectiva que oferece o "estruturalismo genético" para entender processos complexos de *interpretação cooperativa e de inte-*

ração social como processos de aprendizagem proporciona muitas possibilidades à Teoria Social Crítica e à Teoria Crítica da Educação, pois, ao mudar a idéia de aprendizagem, muda as relações escolares o papel do professor e, fundamentalmente, o papel do conhecimento científico nos processos de ensino. Além disso, as análises de Piaget não só ampliam o panorama da teoria social, como também mudam o lugar da subjetividade autônoma em relação ao mundo: de uma consciência capaz de conhecer e organizar um mundo de objetos a uma subjetividade que constitui o mundo e é por ele constituída.

De um ponto de vista pedagógico, é muito provável que as contribuições de Piaget não tenham sido suficientemente analisadas nem se tenham extraído delas todas as suas conseqüências, no entanto, a perspectiva com que Habermas o recupera permite voltar a Piaget para aprofundar a idéia de interação social, inscrevendo-a em uma linha de pesquisa que investigue os alcances possíveis e os limites de um modelo comunicacional-dialógico na escola.

A pesquisa empírica que empreende Weber para explicar os processos de racionalização, as especificidades de cada um deles, o conceito de aprendizagem entendido como sucessivas descentrações, com as quais um sujeito se relaciona com o mundo, são, por um lado, avanços importantes para sair da filosofia da história e, por outro, proporcionam à teoria de ação comunicativa um leque de possibilidades de análise, de diferenciação, de especificação dos processos de expansão da racionalidade, que, sem ter saído da filosofia do sujeito nem colocado o tema da linguagem como subsolo do entendimento, significam um passo à frente em direção a um paradigma de análise baseado na interação social.

4. Ação comunicativa e racionalização do *mundo da vida*

> Ao atuar comunicativamente os sujeitos se entendem sempre no horizonte de um mundo da vida. [...] O mundo da vida acumula o trabalho de interpretação realizado pelas gerações passadas, é o contrapeso conservador contra o risco de dissentimento que comporta todo processo de entendimento que esteja em curso. (Habermas, 1999b, v. I: 104)

A partir das discussões sobre o fim da Modernidade e dos aportes teóricos de Weber e de Piaget, estamos em melhores condições para introduzir o conceito de *ação comunicativa* e seu conceito complementar: o de *mundo da vida*.

As correntes de pensamento e os discursos filosóficos, que se instituem sobre a categoria de subjetividade, estabelecem a preeminência da racionalidade teórica dirigida ao conhecimento que supõe a relação de um sujeito criador de mundo com um objeto. O indivíduo com capacidade de conhecer, ordenar e classificar intervém no mundo estabelecendo com ele uma relação caracterizada pela possibilidade do conhecimento e pelo domínio de uma "situação" em um mundo de entidades objetivadas. No contexto de uma racionalidade cognitivo-instrumental, conhecimento e domínio fazem parte de um mesmo processo. O sujeito tem de eleger os melhores meios para conseguir o sucesso da ação ou aspirar a uma pretensão de verdade, no caso de uma proposição. Esse conceito de razão, como já vimos, foi dominante na filosofia da história moderna e é também responsável pelas leituras críticas posteriores que entendem a Modernidade como uma época que ao propor a emancipação da humanidade só conseguiu a sua reificação.

Contudo, a racionalidade cognitivo-instrumental mostrou rapidamente sua estreiteza para entender fenômenos como a formação da identidade, a socialização, a manutenção da coesão social e, enfim, a reprodução simbólica do mundo, que excediam as relações de um sujeito autônomo com o mundo objetivo.

Em tese, era possível esperar que os críticos da Modernidade, depois de denunciar a racionalidade utilitarista e coisificadora, se preocupassem em superá-la, mas a crítica da "razão instrumental", que Weber elaborou e que foi retomada por Horkheimer e Adorno, impede essa saída.

Para Habermas, as aporias a que a análise crítica da Modernidade chega se devem ao mesmo problema, ou seja, não conseguiram superar o apertado limite da racionalidade subjetivista e criticá-la ao mesmo tempo.

Por esse motivo, para elaborar uma crítica capaz de sair do enclausuramento teórico, é preciso revisar o conceito de razão moderna nas mesmas fontes da modernidade e analisar, depois, a forma em que o processo de racionalização foi identificando-se com um conceito de reificação estabelecido, primeiro, dentro dos limites do capitalismo

(Lukács) que, ao coisificar o trabalhador, avança coisificando também todas as suas relações. Horkheimer e Adorno estendem, porém, esse processo e o colocam como característica central da "razão instrumental". "[Ela] subjaz às estruturas da consciência coisificada. Desta forma [...], ancoram o mecanismo causal da coisificação da consciência nos próprios fundamentos antropológicos da história da espécie." Neste sentido, "a relação interpessoal entre sujeito e sujeito, que é determinante para o modelo do intercâmbio, não tem nenhuma significação constitutiva para a razão instrumental" (Habermas, 1999b v. I: 483).

Desse modo, as relações interpessoais, mediadas por normas e estabelecidas no mundo social, e as relações de um sujeito consigo mesmo, não têm cabimento numa estratégia de análise tão restrita.

A preocupação de elaborar um conceito abrangente de razão exige que Habermas, segundo ele mesmo diz, abandone o paradigma da filosofia do sujeito, no interior da qual toda reflexão emancipatória se torna impossível, e explore um paradigma comunicacional como novo fundamento da ação social. Seguindo este caminho, Habermas retoma a pretensão explícita de normatividade que outros discursos abandonaram.

> O fenômeno que tem de ser explicado não é já o conhecimento e a subjugação de uma natureza objetivada tomados em si mesmos, senão a intersubjetividade do entendimento possível, e isso tanto no plano interpessoal quanto no plano intrapsíquico. O centro da pesquisa se desloca então da racionalidade cognitivo-instrumental à racionalidade comunicativa. Para ela o paradigmático não é a relação de um sujeito solitário com algo no mundo objetivo, que possa representar-se e manipular-se, senão a relação intersubjetiva que estabelecem os sujeitos capazes de linguagem e ação quando se entendem entre si sobre algo. (Ibid.: 499)

Esse caminho ampliado que segue a razão permite explicar processos sociais de entendimento e de consenso produzidos nas estruturas do *mundo da vida* através dos quais os homens coordenam suas ações.

> A diferença de representação ou de conhecimento, entendimento, precisa da apostilha "não coagido", pois esse termo deve entender-se aqui no sentido de um conceito normativo. Da perspectiva dos participantes, "entendimento" não significa um processo empírico que produz um consenso factual, senão um processo de recíproco convencimento, que coorde-

na as ações dos distintos participantes à base de uma *motivação por razões*. Entendimento significa comunicação endereçada a um acordo válido. (Ibid.: 500)

Assim é necessário traçar um modelo de comunicação sem coações, em que a única força possível é a do melhor argumento. Seguindo esse raciocínio, todos os homens capazes de linguagem e de ação são potenciais participantes de uma comunidade ideal de comunicação.

> A projeção utópica de uma comunidade ideal de comunicação pode conduzir a erro se se entende como iniciação à filosofia da história ou se se entende incorretamente o limitado papel metodológico que pode incumbir-lhe com sentido. A construção de um discurso sem restrições nem distorções pode servir no máximo como cenário sobre o qual situar as sociedades modernas que conhecemos. (Habermas, 1999b, v. II: 154)

De todos os modelos de ação social[11] que definem as relações dos atores com mundos diversos, e sobre os quais Habermas trabalha, só a *ação comunicativa* coloca como eixo a linguagem, não apenas como *medium*, através do qual dois sujeitos estabelecem uma relação em atitude performativa, mas também como forma de produzir acordos racionalmente motivados:

> O conceito de ação comunicativa pressupõe a linguagem como um médio dentro do qual tem lugar um tipo de processos de entendimento em cujo transcurso os participantes, ao se relacionarem com um mundo, apresentam-se uns frente aos outros com pretensões de validez que podem ser reconhecidas ou postas em questão. Com este modelo de ação pressupõe-se que os participantes na interação mobilizem expressamente o potencial de racionalidade que [...] contém as três relações do ator com o mundo, com o propósito, assumido cooperativamente, de chegar a entender-se. (Ibid.: 144-145)

Em diálogo permanente com Kant, e buscando resolver os problemas que seus antecessores não conseguiram, Habermas empenha-se em manter a unidade da razão sob um paradigma intersubjetivo. Assim como a racionalidade cognitivo-instrumental, a racionalidade prática e

---

11. Ação teleológica ou estratégica, ação regida por normas e ação dramatúrgica.

a estética cumprem o requerimento da fundamentação, da crítica e da correção, surgido das diferentes pretensões de validade que cada uma comporta.

A razão teórica, cujo critério de validade é a verdade, refere-se essencialmente às relações que o sujeito estabelece desde sua própria atitude de sujeito/agente. A ação instrumental ou estratégica caracteriza as atividades num mundo objetivo, entendido como "conjunto de todas as entidades sobre as quais são possíveis enunciados verdadeiros". Por sua vez, a razão prático-moral, cuja pretensão de validade é a retidão normativa, alude a um tipo de relação simultânea do sujeito com um mundo de normas sociais e com o mundo subjetivo. Corresponde a ela uma ação regulada por normas que também é submetida à crítica com o fim de avaliar a adaptação das condutas ao mundo social, entendido como "conjunto de todas as relações interpessoais legitimamente reguladas".

Já a razão prático-estética, cuja pretensão de validade é a sinceridade ou a autenticidade, caracteriza as relações do sujeito com o mundo subjetivo, que, ao mesmo tempo, permite compreender o mundo interno dos outros. "Mundo subjetivo, como totalidade das vivências do falante, às quais ele tem um acesso privilegiado." (Habermas, 1999b, v. II: 144)

> Podemos dizer, em resumo, que as ações reguladas por normas, as auto-apresentações expressivas e as manifestações ou emissões avaliativas vêm a completar os atos de fala constatativos para configurar uma prática comunicativa que, sobre o cenário do mundo da vida, tende à consecução, manutenção e renovação de um consenso que descansa sobre o reconhecimento intersubjetivo de pretensões de validade susceptíveis de crítica. A racionalidade imanente a esta prática se manifesta no fato de que o acordo alcançado comunicativamente tem de apoiar-se em *última instância* em razões. (Ibid.: 36)

É o reconhecimento intersubjetivo das pretensões de validade o que, ao permitir a coordenação das ações, mantém a coesão social e dá lugar à reprodução do mundo da vida. A comunicação e os procedimentos argumentativos, através dos quais se exprime o reconhecimento intersubjetivo, determinam o uso comunicativo da linguagem. Essa perspectiva se opõe ao paradigma da filosofia da consciência, no qual a linguagem tem como função permitir o acesso ao mundo, mas a partir de um modelo assimétrico de sujeito-objeto, o que elimina o componente comunicacional.[12]

Até aqui temos falado várias vezes do *mundo da vida* sem nos preocupar com sua definição. Numa primeira tentativa de aproximação, poderíamos dizer que o *mundo da vida* é o espaço ou o cenário no qual se desenvolve a ação comunicativa. Vejamos o que isto significa.

Já vimos que o processo de modernização social culmina, por assim dizer, com o estabelecimento da empresa capitalista e do Estado moderno. Observamos também que eles se relacionam e regulamentam tudo através do Direito Positivo. Os meios pelos quais as ações são coordenadas nesses âmbitos são o dinheiro e o poder.

Segundo Habermas, as concepções sociológicas, que elaboraram a problemática da sociedade como "teoria social", privilegiaram a racionalidade cognitivo-instrumental e expandiram a análise do *sistema* como se fosse a totalidade da sociedade, acreditando, aliás, que tal análise, efetivamente, dá conta da totalidade dos fenômenos sociais. Weber, Marx, Horkheimer e Adorno já não podem entender os processos culturais, de socialização e de formação da identidade mais do que como um reflexo do *sistema*.

Não obstante, com Mead e Durkheim, a Fenomenologia e a Hermenêutica, configura-se, no contexto teórico, a possibilidade de estudar os processos de reprodução simbólica do mundo com alguma autonomia. A partir daí *sistema* e *mundo da vida* perfilam-se como duas perspectivas diferentes de análise, às quais correspondem dois tipos diversos de mecanismos de integração: a "integração sistêmica" e a "integração social".

Se nós entendermos "a integração da sociedade exclusivamente como integração sistêmica estamos optando por uma estratégia conceitual que apresenta a sociedade segundo o modelo de um *sistema* auto-regulado. A análise se vincula à perspectiva externa de um observador [...]". (Habermas, 1999b, v. II: 215). Contudo, se nós entendermos a sociedade como processo de integração social, "estamos optando por uma estratégia conceitual que parte da ação comunicativa e concebe a socie-

---

12. Cf. Wellmer (1993: 26 e seg.).

dade como 'mundo da vida'. [...] Não é que os problemas da reprodução material fiquem excluídos; a manutenção do substrato material é condição necessária para a manutenção das estruturas simbólicas do *mundo da vida* mesmo" (ibid.: 213) — prevalecendo, aqui, a perspectiva do participante na comunicação.

Com uma outra armação conceitual, superadora e integradora de ambas as vertentes, o filósofo alemão propõe analisar a sociedade como *sistema* e *mundo da vida*, integrando a perspectiva do observador com a perspectiva do participante.

Os sujeitos que se manifestam comunicativamente se dirigem ao mesmo tempo a algo no mundo objetivo, no mundo social e no mundo subjetivo, porque eles constituem um contexto de referência não problemático, que é posto em jogo em cada processo cooperativo de interpretação, no qual se tenta definir uma determinada situação.

> [Uma] situação de ação constitui em cada época, para os participantes, o centro de seu mundo da vida; essa situação tem um horizonte móvel, já que remete à complexidade do mundo da vida. [O qual pode ser representado] como um acervo de padrões de interpretação transmitidos culturalmente e organizados lingüisticamente. (Habermas, 1999b, v. II: 176)

O *mundo da vida* é, então, um espaço de intercâmbio simbolicamente mediado, de relações cara a cara, sujeito-sujeito, nas quais os homens se reconhecem entre si e interatuam através da linguagem na busca de "entendimento". O "entendimento" é necessário quando uma parte desse horizonte de certezas se torna problemática. Com esses processos de interpretação coletivos, outorgamos um novo significado a uma parte da realidade, garantimos a continuidade da tradição, a solidariedade entre os sujeitos e a identidade de cada um.

> Todo ato de entendimento pode-se entender como parte de um processo cooperativo de interpretação que tem como finalidade a obtenção de definições da situação que podem ser intersubjetivamente reconhecidas. [...] O conceito de entendimento (*Verständigung*) remete a um acordo racionalmente motivado alcançado entre os participantes, que se mede por pretensões de validade susceptíveis de crítica. (Habermas, 1999b, v. I: 103-110)

Cultura e linguagem são elementos constitutivos do *mundo da vida*. Entendido da perspectiva do participante na comunicação, a linguagem e a cultura aparecem como transfundo que não pode ser tematizado ou problematizado. O ator se serve deles como instrumentos que, para usar palavras de Habermas, ficam às costas do falante. O *mundo da vida* conforma uma unidade que não pode ser questionada em sua totalidade, mas apenas parcialmente. É só uma parte desse horizonte móvel que pode ser posta em dúvida e racionalizada, pois nunca uma ação comunicativa apresenta uma situação completamente nova. Os processos de interpretação renovam uma situação, mas não a totalidade do *mundo da vida*. Os participantes na comunicação se dirigem, em uma atitude performativa, a um aspecto do *mundo da vida* que é atualizado na situação de comunicação, ou seja, colocado num primeiro plano. Mas simultaneamente os outros dois mundos ficam como solo de interpretações comuns. Definido como horizonte, ele não pode ser ultrapassado.

> [...] da perspectiva dos participantes o mundo da vida aparece como contexto, criador de horizonte, dos processos de entendimento, o qual, ao delimitar o âmbito de relevância da situação, dada em cada caso, se subtrai ele mesmo à tematização dentro dessa situação. (Habermas, 1999b, v. II: 193)

Habermas afirma que a atitude normal dentro do *mundo da vida* se representa com a primeira pessoa do plural "nós". "[Ele] é, pois, desde o início, não meu mundo privado, senão um mundo intersubjetivo; a estrutura básica de sua realidade nos é comum a todos". (Schütz e Luckmann, apud Habermas, 1999b)

5. Reprodução do mundo da vida e Teoria Crítica da Educação

Contudo, para examinar o conceito *mundo da vida* e compreender seu valor para uma teoria da sociedade, deve-se assumir uma outra perspectiva de análise que possibilite entender as formas a partir das quais os coletivos sociais se constituem, mantêm a coesão e representam sua cotidianidade. Essa outra perspectiva é a do observador, ou seja, a atitude teórica que permite "descrever" e "explicar" a totalidade do *mundo da vida* e não só os eventos que nele acontecem, nem o envolvimento dos sujeitos nesses eventos. A perspectiva teórica deve, fundamentalmente, permitir explicar a *reprodução* do *mundo da vida* que em sociedades complexas tem se tornado um problema específico.

É evidente que essa reprodução do *mundo da vida* não pode explicar-se como reflexo do *sistema* nem ser explicada a partir desse modelo de reprodução, pois, como parece desprender-se da linha de análise que viemos seguindo, o *mundo da vida* tem uma autonomia constitutiva pela diferenciação das esferas da cultura e os conceitos diferenciados de mundo que delas decorrem.

A reprodução do *mundo da vida* assenta-se sobre a reprodução material da sociedade, situada nas esferas da economia e administração e, portanto, é caracterizada por um tipo de ação teleológica ou estratégica, na qual "o ator realiza um fim ou procura produzir o estado de coisas desejado, escolhendo numa situação, [...] os meios mais congruentes e aplicando-os de maneira adequada. O conceito central [se refere a] uma decisão entre alternativas de ação, dirigida à realização de um propósito [...]" (Habermas, 1999b, v. I: 122).

Entretanto, a reprodução específica do *mundo da vida* é possibilitada pela ação comunicativa como substrato da intersubjetividade possível, ou seja, uma ação destinada ao entendimento o qual, ao mesmo tempo que mantém a coesão social, reforça a socialização e a formação da identidade. Retomando as análises de Durkheim e Mead, Habermas entende que a racionalização do *mundo da vida* depende da crescente diferenciação de seus componentes estruturais: cultura, sociedade e personalidade, sendo que a cada um deles corresponde uma parte da reprodução simbólica do mundo:

> Chamo *cultura* ao acervo de saber, no qual os participantes na comunicação se abastecem de interpretações para entender-se sobre algo no mundo. Chamo *Sociedade* às ordenações legítimas através das quais os participantes na interação regulam as suas pertencias a grupos sociais, assegurando, deste modo, a solidariedade. E por *personalidade* entendo as competências que convertem um sujeito em um ser capaz de linguagem e de ação, isto é, que o capacitam para tomar parte em processos de entendimento e para afirmar neles sua própria identidade.
>
> Sob o aspecto *funcional do entendimento*, a ação comunicativa serve à tradição e à renovação do saber cultural; sob aspecto de *coordenação da ação*,

serve à integração social e à criação de solidariedade; e sob o aspecto de *socialização*, finalmente, serve à formação de identidades pessoais. As estruturas simbólicas do mundo da vida se reproduzem por via da continuação do saber válido, da estabilização da solidariedade dos grupos e da formação de atores capazes de responder por suas ações. [...] A estes processos de *reprodução cultural, integração social e socialização* correspondem os *componentes estruturais* do mundo da vida que são a cultura, a sociedade, e a personalidade. Id., 1999b, v. II: 196; destaque no original)

Em tese, *mundo da vida* e *sistema* deveriam manter uma relação de interdependência que permitisse a ambos uma reprodução autônoma, mas também equilibrada. Os processos de integração sistêmica e os processos de integração social têm ambos a sua lógica. Não obstante, sabemos que esses processos de integração e reprodução, nas sociedades complexas, não ocorrem sem interferências e sem conflitos, que acabam produzindo efeitos patológicos na reprodução do *mundo da vida*. Na *Teoria da ação comunicativa* essa relação entre *sistema* e *mundo da vida*, de início interdependente, se caracteriza especialmente por um processo de "colonização", "coisificação e empobrecimento cultural" do *mundo da vida* produzido pelo avanço incontido do *sistema* e suas regulamentações econômicas e burocráticas sobre âmbitos de ação. As patologias que isso acarreta se manifestam tanto nos processos de socialização e formação da identidade, quanto nos de coesão e reprodução simbólica do mundo.

A *Teoria da ação comunicativa* apresenta um espectro amplo das patologias que sofre o *mundo da vida* e a sua reprodução, mas também apresenta um caminho possível para sua superação. A especificidade, a diversidade do rumo que tomam os processos de racionalização em cada esfera particular do mundo, abre uma perspectiva de análise que permitiria vislumbrar a *reversibilidade* das patologias diagnosticadas.[13] Nesse processo de *reversibilidade* possível deveriam inscrever-se os desenvolvimentos de uma Teoria Crítica da Educação capaz de orientar a ação.

Essa primeira abordagem nos parece suficiente no momento. Basta dizer aqui que os problemas decorrentes do empobrecimento cultural e os processos de racionalização unilateral do *mundo da vida* estão na base

---

13. Cf. Goergen (2003: 64).

do que deveria abordar como tarefa específica uma teoria educacional crítica.

Para o objetivo do presente trabalho, vamos colocar brevemente a questão da teoria da educação, quase como resultado natural dessa síntese de Habermas sobre os componentes estruturais e as funções da ação comunicativa para a reprodução do *mundo da vida*.

Habermas aprofunda a análise sobre a potencialidade explicativa desse construto teórico seguindo a sua trajetória na história da teoria social desenvolvida tanto por Durkheim quanto por Mead: a Sociologia Compreensiva e as Concepções Culturalistas. Não obstante, nossa intenção é tentar extrair, do conceito de *mundo da vida*, a potencialidade explicativa para justificar uma Teoria Crítica da Educação, posto que as singularidades da reprodução do *mundo da vida*, e a sua relativa autonomia, parecem ser um espaço de grande importância para esse tema. Consideramos que uma teoria da educação que saísse dos limites da educação entendida como *sistema*, sem desconhecer que ela também pertence ao *sistema*, teria grandes possibilidades de recolocar a questão educacional numa dimensão hoje esquecida. Daremos um primeiro passo nesse sentido.

Desde o início, a educação como fato social e político teve como missão a *reprodução* e a *inovação cultural*, por um lado, e a *socialização do indivíduo* e a *formação da identidade*, por outro. Nas descrições da pedagogia clássica, os dois primeiros processos respondem à necessidade de sobrevivência da sociedade e os dois últimos à necessidade de integração dos sujeitos.

Como já vimos na breve referência feita à pedagogia kantiana, ambas as necessidades se complementam, não através de uma lógica mecânica, mas de processos mediados pela razão, os quais combinam interesses individuais e sociais, às vezes conflituosos, que se resolvem dentro do contexto de uma racionalidade abrangente. Isto é, a educação comporta transmissão de saberes, conhecimento científico, disciplina e formação moral. Com Habermas, poderíamos acrescentar, esses processos se cumprem essencialmente no *mundo da vida* e não nos labirintos da administração ou da burocracia do *sistema*, mesmo quando a lógica sistêmica possa impor mecanismos burocráticos e administrativos sobre âmbitos genuinamente culturais.

Se detalhássemos as conseqüências dessa afirmação, boa parte do que hoje entendemos por análises teóricas sobre educação ficaria reduzida a descrições do funcionamento da organização burocrática do sistema educativo e presa a uma concepção de racionalidade "funcionalista" que, tal como afronta o problema da reprodução e coesão do mundo, não pode mais do que ocupar-se de explanar a reprodução do *sistema social*. Isto posto, as perspectivas que adotam uma racionalidade reduzida em termos funcionalistas teriam uma parte da responsabilidade por ter eliminado a reflexão pedagógica nos termos em que foi entendida pela Modernidade clássica, o que significa reduzir a problemática educacional a questões organizacionais e administrativas, entendendo como tal o avanço inexorável do *sistema*.

Poderíamos acrescentar que impera, nessas análises, uma racionalidade instrumental e teleológica, em função da qual o sistema de educação reproduz e inova a sociedade no contexto das restringidas categorias de formação para o emprego e cidadania.[14]

Dentro dessa caracterização de uma análise restringida da questão educacional encontram-se tanto os que aderem explicitamente a uma visão "sistêmica" quanto os que imaginam apoiar-se numa concepção crítica. Obviamente, para os primeiros isto não representa problema algum. Já para os que julgam fazer pedagogia crítica, a análise restringida da questão educacional representa o limite de uma reflexão que acaba negando a si mesma toda possibilidade de desenvolvimento produtivo.

Tanto numa perspectiva como noutra, a única alternativa viável para afrontar a crise da educação acaba sendo a modificação e a atualização dos conteúdos do ensino e a conseqüente atualização dos professores.[15] Essa perspectiva permite falar com propriedade de mutilação

---

14. Junto com Carlos Cullen, filósofo argentino, vamos distinguir dois conceitos de cidadania. Do ponto de vista de uma racionalidade funcionalista, que caracterizou as reformas educacionais dos anos 1990, a cidadania está pensada como processo de adaptação social, como estratégia restringida a deveres e direitos dirigidos à reprodução da sociedade. Mas poderíamos pensar, também, um conceito de cidadania democrática, como crítica dos modelos de convivência excludentes, "Cidadania é a crítica das socializações possíveis, da mesma maneira que a ética é uma crítica das morais possíveis" Cf. Cullen (1999: 39 e seg.).

15. Vamos diferenciar "atualização" e "formação", porque o primeiro conceito corresponde a um modelo centrado na "instrução", ou seja, na transmissão de conhecimento. Formação alude a questões éticas e estéticas, como já foi apresentado no primeiro capítulo.

ou reducionismo das formas de abordagem contemporânea da Teoria da Educação.

Em contrapartida, uma perspectiva abrangente deveria poder explicar o funcionamento do sistema educativo como subsistema administrativo, mas também o papel reprodutor e inovador que tem a educação no âmbito da cultura, da sociedade e da personalidade.

O reducionismo da teoria da educação à sua dimensão sistêmica permite explicar por que ela teve de abandonar os problemas da Autonomia, da Formação moral e da Emancipação, prematuramente, sem tê-las esgotado. Resignados esses alvos, resta a discussão instrumental de um processo educativo que, em outro tempo, assumia-se explicitamente como parte de um projeto social emancipatório.

Se nos temos estendido nessa descrição do conceito de *mundo da vida*, às vezes, tentando ser excessivamente fiéis ao autor, é porque, como já dissemos, trata-se de um campo fecundo para a Teoria da Educação. O processo de racionalização, que começou com a separação das esferas de valor da cultura, ciência, arte e moral, se deu primeiro no *mundo da vida* onde as relações entre os homens não estão, inicialmente nem principalmente, mediadas pelo dinheiro nem pelo poder, que são instrumentos sistêmicos de coordenação das ações.[16]

A racionalização do *mundo da vida*, entendida como expansão de processos de aprendizagem, como interpretações cooperativas de segmentos problemáticos do mundo, como espaço de reconhecimento intersubjetivo, onde é possível a socialização e a formação da identidade para a reprodução simbólica, apresenta-se como o lugar onde prioritariamente deve ser analisado o problema educacional. Essa afirmação possivelmente seria uma hipótese fértil de trabalho teórico no âmbito da pedagogia, se ela fosse capaz de potenciar a análise das estratégias de crítica e de inovação que poderia aportar a educação para a sociedade, entendendo que a renovação social depende, em primeira instância, de processos de interpretação cooperativa produzidos no campo cultural.

---

16. Cf. Habermas (1999b, v. II: 207, 471 e seg.).

Se a educação moderna foi constitutiva do projeto iluminista por sua capacidade de desenvolver a razão e a subjetividade autônoma, a educação contemporânea tem, na expansão da capacidade de interpretação e de argumentação, um espaço que pode devolver-lhe especificidade.

Conclusão

No decorrer deste trabalho, foram sendo apresentadas algumas questões que tinham a pretensão de delimitar a discussão em torno das condições de possibilidade de uma Teoria Crítica da Educação. Entendemos que os problemas instalados pela contemporaneidade para desenvolver o pensamento teórico exigem que se reinstalem perguntas que, durante muito tempo, sustentaram — como um subsolo inquestionável — a produção de conhecimento na área da educação.

As críticas à Modernidade, especialmente à racionalidade moderna e à sua filosofia da história, mudam o panorama da produção de conhecimento pedagógico e voltam a pôr em cena temáticas fundantes relativas não só à possibilidade de produzir um saber sobre educação, mas também relativas à legitimidade da tarefa de educar, pois tal ação tem objetivos e fins atinentes ao próprio sujeito que se educa e, fundamentalmente, à sociedade na qual vive.

Tratar da questão das condições de possibilidade da Teoria Crítica da Educação nos levou a expor um horizonte de problemas e questões teóricas que pretenderam situar a Teoria da Educação em possibilidade de recuperar seu caráter normativo e propositivo.

A filosofia da história na Modernidade foi o sustento, a garantia de um projeto social e político emancipatório que extraía sua normatividade do horizonte sistemático definido pelo "uso público da razão" e por uma subjetividade em busca de sua autonomia, contextualizados em uma perspectiva de futuro e progresso social. Nesse contexto, a educação foi constitutiva do projeto moderno, ou seja, a educação era o veículo da autonomia e da possibilidade de emancipação.

As críticas à filosofia da história fizeram tremer o solo do projeto moderno e, conseqüentemente, da educação moderna. A pergunta — *para que educar?* — resume e recoloca o problema fundamental da Teoria Crítica da Educação contemporânea, o problema da possibilidade e da legitimidade da educação. Para que transmitir uma cultura em crise, valores sociais que poucos respeitam? Por que ter solidariedade e cuidado com os outros e com o meio ambiente? São perguntas que deveriam questionar nossa teoria e nossa prática. Elas recolocam, ao mesmo tempo, a dimensão ética e a política da educação.

Esses temas e outros mostram que as respostas não estão elaboradas, mas não podem mais ser ignoradas. Se, sobre o alicerce da filosofia da história moderna, podiam ser respondidas, na contemporaneidade é preciso muito mais do que apenas a vontade de fazê-lo. O desafio do tempo presente é reconhecer a crise da filosofia da história, o impacto da crítica sobre os saberes normativos e, ainda assim, procurar justificar a ação e a reflexão educacional.

A teoria da ação comunicativa pode abrir o horizonte da Teoria Crítica da Educação e possibilitar a abordagem desses temas, entendendo que já não é possível reconstruir a filosofia da história, mas sim, analisar sua substituição pela própria ação comunicativa que coloca a legitimidade da ação social na intersubjetividade, na linguagem, na cultura como contexto interpretativo do qual já não podemos sair.

Quanto mais problemática se torna uma parte do mundo, mais se precisa de operações interpretativas que garantam a continuidade da cultura. As sociedades tradicionais não requerem de seus membros essas atividades de interpretação porque os acordos já estão previamente normatizados; conforme Habermas, nas sociedades tradicionais existem "acordos normativamente adscritos", no entanto, nas sociedades complexas e preciso um "entendimento alcançado comunicativamente" (Habermas, 1999b, v . I: 104-105).

Nesse sentido, as próprias interpretações em relação às interpretações coletivas são as atividades fundamentais na reprodução simbólica do mundo.

> [...] nos processos cooperativos de interpretação nenhum dos implicados tem o monopólio interpretativo. [...] a tarefa de interpretação consis-

te em incluir, na própria interpretação, a interpretação que o outro faz da situação, de modo que na versão revisada o "seu" mundo externo e o "meu" mundo externo, apoiado no pano de fundo do "nosso" mundo da vida, fiquem relativizados em função "do mundo" [...]. (Habermas, 1999b, v. I: 145)

O subsídio teórico que outorga a ação comunicativa para a teoria da educação poderia resumir-se nas duas linhas de pesquisa que mencionamos no capítulo III: a) a possibilidade de elaborar um programa de pesquisa, seguindo a estratégia teórica de reconstrução do pensamento pedagógico moderno, para que se analise se é possível, e sob quais condições, recuperar o caráter normativo e propositivo da pedagogia; e b) a exigência de elaborar um programa de pesquisa sobre os alcances e sobre a factibilidade de um modelo comunicacional-dialógico em educação, no qual as assimetrias entre mestres e alunos, a necessidade de transmitir conhecimento e os avanços da administração e da burocratização sobre os sistemas educativos são elementos inocultáveis.

As duas perspectivas de pesquisa pressupõem uma questão que deveremos analisar. A pergunta que se nos impõe é se o conceito de ação comunicativa tem a força normativa suficiente para substituir, com efeito, a filosofia da história como idéia reguladora,[1] ou seja, se é capaz de superar o conceito subjetivista da filosofia da consciência, se é capaz de superar as aporias decorrentes do "modelo da crítica total da razão", e se serve como núcleo de justificação de uma Teoria Crítica da Sociedade que sustente a idéia de Modernidade como um "projeto inacabado".

Se há necessidade de refletir sobre a força normativa da ação comunicativa e sobre sua pretensão de substituir o potencial regulador da filosofia da história moderna, sem os custos que ela acarreta, é porque as críticas à racionalidade parecem ter chegado a um ponto em que seria preciso abandonar o projeto moderno em sua totalidade, ou seja, não apenas em suas derivações excludentes, mas também em suas propostas libertadoras.

Não poderíamos dar uma resposta acabada a essa questão, mas achamos que vale a pena continuar pesquisando por esse caminho, pois parece que a força normativa da ação comunicativa deriva do mesmo

---

1. Agradeço a Cláudio Dalbosco a sugestão a respeito da definição deste tema.

conceito de razão moderna que Habermas, longe de abandonar, busca reconstruir. Esse substrato ampliado, redefinido com uma estratégia conceitual diferente, não é novo. A intersubjetividade do que, denominamos hoje, *mundo da vida*, as relações interpessoais, o cara a cara, sempre estiveram presentes, embora não fossem assim analisados.

A reconstrução baseada nos pensadores modernos, não só Kant e Hegel, mas também Marx, Weber e Piaget, vai proporcionando recursos e subsídios teóricos, a partir dos quais se pode não só retomar e discutir a perspectiva teórica com que foram elaborados, mas também descobrir as perspectivas de análises que cada um deles abandonou ou, simplesmente, ignorou.

Habermas chega ao conceito de ação comunicativa através da crítica, da discriminação, da diferenciação, da análise de ambigüidades e, até, das contradições presentes no próprio discurso da Modernidade — e é nesse sentido que se pode entender a idéia de reconstrução.

Se não é possível, da nossa parte, oferecer uma resposta acabada à problemática da força normativa da ação comunicativa como substituto da filosofia da história, a análise do discurso filosófico da Modernidade parece possibilitar uma resposta. Mas a questão central parece estar no esforço de aprofundar e de reconstruir um conceito de razão que pôde ser desenvolvido com uma outra estratégia teórica e que deu força normativa à filosofia da história moderna.

Não obstante, a permanente relação que Habermas estabelece entre os conceitos de aprendizagem, interpretação, argumentação e crítica significa uma grande possibilidade de análise alternativa às tendências tecnocráticas com que se analisa a educação e se reflete pedagogicamente.

Somos conscientes de que só apresentamos, aqui, a resposta que o mesmo Habermas coloca em sua obra, mas se o fizemos foi por considerar um bom motivo para aprofundá-la, e é nessa direção que segue nossa pesquisa.

Bibliografia

ADORNO, T. *Filosofía y superstición*. Madrid: Taurus-Alianza Editorial, 1969.

_____. *Dialéctica negativa*. Tradução de José María Ripalda. Madrid: Taurus, 1975.

_____. *Palavras e sinais*: Modelos críticos 2. Petrópolis: Editora Vozes, 1995.

_____. *Educación para la emancipación*. Madrid: Ediciones Morata, 1998a.

_____. *Prismas. Crítica cultural e sociedade*. Tradução de Agustín Wernet e Jorge Mattos Brito de Almeida. São Paulo: Ática, 1998b.

_____ e HORKHEIMER, M. *Dialética do esclarecimento*: fragmentos filosóficos. Tradução de Guido Antonio de Almeida. Rio de Janeiro: Jorge Zahar Editor, 1985.

AHLERT, Alvori. *A eticidade da educação*: o discurso de uma práxis solidária/universal. Ijuí: Editora Unijuí, 1999.

ANDERSON, P. *As origens da pós-modernidade*. Rio de Janeiro: Jorge Zahar Editor, 1999.

ANTUNES, R. e LEÃO REGO, N. (org.). *Lukács, um Galileu no século XX*. São Paulo: Boitempo Editorial, 1996.

ARANTES, P. *Ressentimento da dialética*: dialética e experiência intelectual em Hegel — antigos estudos sobre o ABC da miséria alemã. Rio de Janeiro: Paz e Terra, 1996.

ARAÚJO DE OLIVEIRA, M. *Sobre a fundamentação*. Porto Alegre: EDIPUCRS, 1993.

_____. *Reviravolta lingüístico-pragmática na filosofia contemporânea*. São Paulo: Loyola, 1996.

ARAÚJO DE OLIVEIRA, M. (org.). *Correntes fundamentais da ética contemporânea*. Petrópolis: Vozes, 2001.

ASSOUN, P. *A Escola de Frankfurt*. São Paulo: Ática, 1987.

BACON; DESCARTES; GALILEO; LOCKE; SPINOZA. *Metodo cientifico y poder politico*: el pensamiento del siglo XVII. Introdução de Raúl García Orza. Buenos Aires: Centro Editor de América Latina, 1973.

BAUDELAIRE, Ch. *Sobre a modernidade*. Rio de Janeiro: Paz e Terra, 2002.

BECKETT, S. *Final de partida*. Tradução de Francisco Javier. Buenos Aires: Nueva Visión, 1964.

BELL, D. *El fin de las ideologías*. Madrid: Tecnos, 1964.

BENJAMIN, W. *Obras escolhidas*: Magia e técnica, arte e política. Tradução de Sergio Paulo Rouanet. São Paulo: Brasiliense, 1995.

BENJAMIN, W.; HORKHEIMER, M.; ADORNO, T.; HABERMAS, J. *Textos escolhidos*. São Paulo: Abril Cultural, 1975. (Os pensadores)

BERNSTEIN, R. et al. *Habermas y la modernidad*. Madrid: Cátedra, 1994.

BRONNER, S. *Da teoria crítica e seus teóricos*. Campinas: Papirus, 1997.

CARVALHO, M. (org.). *Teorias da ação em debate*. São Paulo: Cortez, 1993.

CARVALHO ARAGÃO, L. *Razão comunicativa e teoria social crítica em Jürgen Habermas*. Rio de Janeiro: Tempo Brasileiro, 1992.

CENCI, A. *A transformação apeliana da ética de Kant*. Passo Fundo: EDIUPF, 1999.

_____ (org.). *Ética, racionalidade e modernidade*. Passo Fundo: EDIUPF, 1996.

CHÂTELET, F. *Uma história da razão: entrevistas com Ëmile Noël*. Rio de Janeiro: Jorge Zahar Editor, 1994.

COHN, G. *Theodor W. Adorno*. Coordenação Florestan Fernandes. São Paulo: Ática, 1986. (Grandes cientistas sociais)

_____. *Weber*. Coordenação Florestan Fernandes. São Paulo: Ática, 2002. (Grandes cientistas sociais)

CORTINA, A. *Etica mínima*: Introducción a la filosofía práctica. 6. ed. Madrid: Tecnos, 2000a.

_____. *Etica sin moral*. 4. ed. Madrid: Tecnos, 2000b.

CULLEN, C. *Autonomía moral, participación democrática y cuidado del otro*. 2. ed. Buenos Aires: Novedades Educativas, 1999.

DALBOSCO, C. Considerações sobre a relação entre filosofia e educação. *Espaço pedagógico*. Passo Fundo: Editora UPF, v. 10, n. 1, jan./jun. 2003.

DALBOSCO, C. Da pressão disciplinada à obrigação moral: esboço sobre o significado e o papel da pedagogia no pensamento de Kant. Revista *Educação & Sociedade*, n. 89, v. 25, 2004.

_____; TROMBETTA, G. e LONGHI, S. (orgs.). *Sobre filosofia e educação, subjetividade-intersubjetividade na fundamentação da práxis pedagógica*. Passo Fundo: Universidade de Passo Fundo, 2004.

DELEUZE, G. *A filosofia crítica de Kant*. Lisboa: Edições 70, 2000.

DESCARTES, R. *Discurso del método y reglas para la dirección de la mente*. Buenos Aires: Ediciones Orbis Hyspamérica, 1993.

DEWEY, J. *Democracia y educación*. 5. ed. Tradução de Lorenzo Luzuriaga. Buenos Aires: Losada, 1963.

_____. *La reconstrucción de la filosofía*. Barcelona: Planeta, 1994.

DUARTE, R. *Mímesis e racionalidade*. São Paulo: Loyola, 1993.

_____. *Adornos*: nove ensaios sobre o filósofo frankfurtiano. Belo Horizonte: Editora UFMG, 1997.

DURKHEIM, E. *La educación moral*. 2. ed. Buenos Aires: Losada, 1997.

_____. *Educación y pedagogía*: ensayos y controversias. Buenos Aires: Losada, 1998.

DUSSEL, E. *Ética da libertação, na idade da globalização e da exclusão*. Petrópolis: Vozes, 2000.

DUSSEL, E. (comp.). *Debate en torno a la ética del discurso de Apel*: diálogo filosófico Norte-Sur desde América Latina. México: Siglo XXI, 1994.

ENCARNAÇÃO, J. *Filosofia do direito em Habermas: A hermenêutica*. São Paulo: Cabral Editora Universitária, 1997.

FÁVERO, A.; DALBOSCO, C. e MÜHL, E. (orgs.). *Filosofia, educação e sociedade*. Passo Fundo: Universidade de Passo Fundo, 2003.

FOLLARI, R. *¿Ocaso de la escuela?* Buenos Aires: Magisterio del Río de la Plata, 1996.

FREIRE, P. *Pedagogía del oprimido*. 8. ed. Buenos Aires: Siglo XXI, 1973.

FREITAG, B. *A teoria crítica ontem e hoje*. São Paulo: Brasiliense, 1986.

_____ e ROUANET, S. P. *Habermas*: Sociologia. Coordenação Florestan Fernandes. São Paulo: Ática, 2001. (Grandes cientistas sociais)

GÁBAS, R. J. *Habermas*: dominio técnico y comunidad lingüística. Barcelona: Ariel, 1980

GAGNEBIN, J. M. *Sete aulas sobre linguagem, memória e história*. Rio de Janeiro: Imago, 1997.

GAGNEBIN, J. M. *História e narração em Walter Benjamin*. São Paulo: Perspectiva, 1999.

GARCIA CHIARELLO, M. *Das lágrimas das coisas*: estudo sobre o conceito de natureza em Max Horkheimer. Campinas: Editora da Unicamp, 2001.

GENEYRO, J. C. *La democracia inquieta*: E. Durkheim y J. Dewey. México: Anthropos, 1991.

GEUSS, R. *Teoria crítica*: Habermas e a Escola de Frankfurt. Campinas: Papirus, 1988.

GIMENO LORENTE, P. Puede la institución escolar contribuir en la construcción de sociedades más racionales? La institución escolar a la luz de la teoría de la Acción Comunicativa. *Teoría de la Educación*. Salamanca: Editorial de la Universidad de Salamanca, v. 7, p. 93-126, 1994.

_____. *Teoría crítica de la educación*. Madrid: UNED, 1995.

GOERGEN, P. A crítica da modernidade e a educação. *Pro-posições*. Campinas: Unicamp, v. 7, n. 2, 1996.

_____. Educação moral: adestramento ou reflexão comunicativa? *Educação e Sociedade*: Ética, Educação e Sociedade: Um debate contemporâneo. Campinas: Cedes, Unicamp, n. 76, 2001a.

_____. *Pós-modernidade*: ética e educação. Campinas: Editora Autores Associados, 2001.

_____. Teoria da ação comunicativa e práxis pedagógica. *Espaço Pedagógico*. Passo Fundo: Editora UPF, v. 10, n. 1, jan./jun. 2003.

HABERMAS, J. *La reconstrucción del materialismo histórico*. 2. ed. Madrid: Taurus, 1983.

_____. *Ciencia y técnica como ideología*. Madrid: Tecnos, 1984.

_____. *Perfiles filosófico políticos*. Madrid: Taurus, 1986.

_____. *Discurso filosófico de la Modernidad*. Tradução de Manuel Jiménez Redondo. Buenos Aires: Taurus, 1989.

_____. Modernidad un proyecto incompleto. *El debate Modernidad-Posmodernidad*. (Comp.) Nicolás Casullo. Buenos Aires: Ed. Puntosur, 1989b.

_____. *Conocimiento e interés*. Madrid: Taurus, 1990.

_____. *Identidades nacionales y postnacionales*. Madrid: Tecnos, 1994.

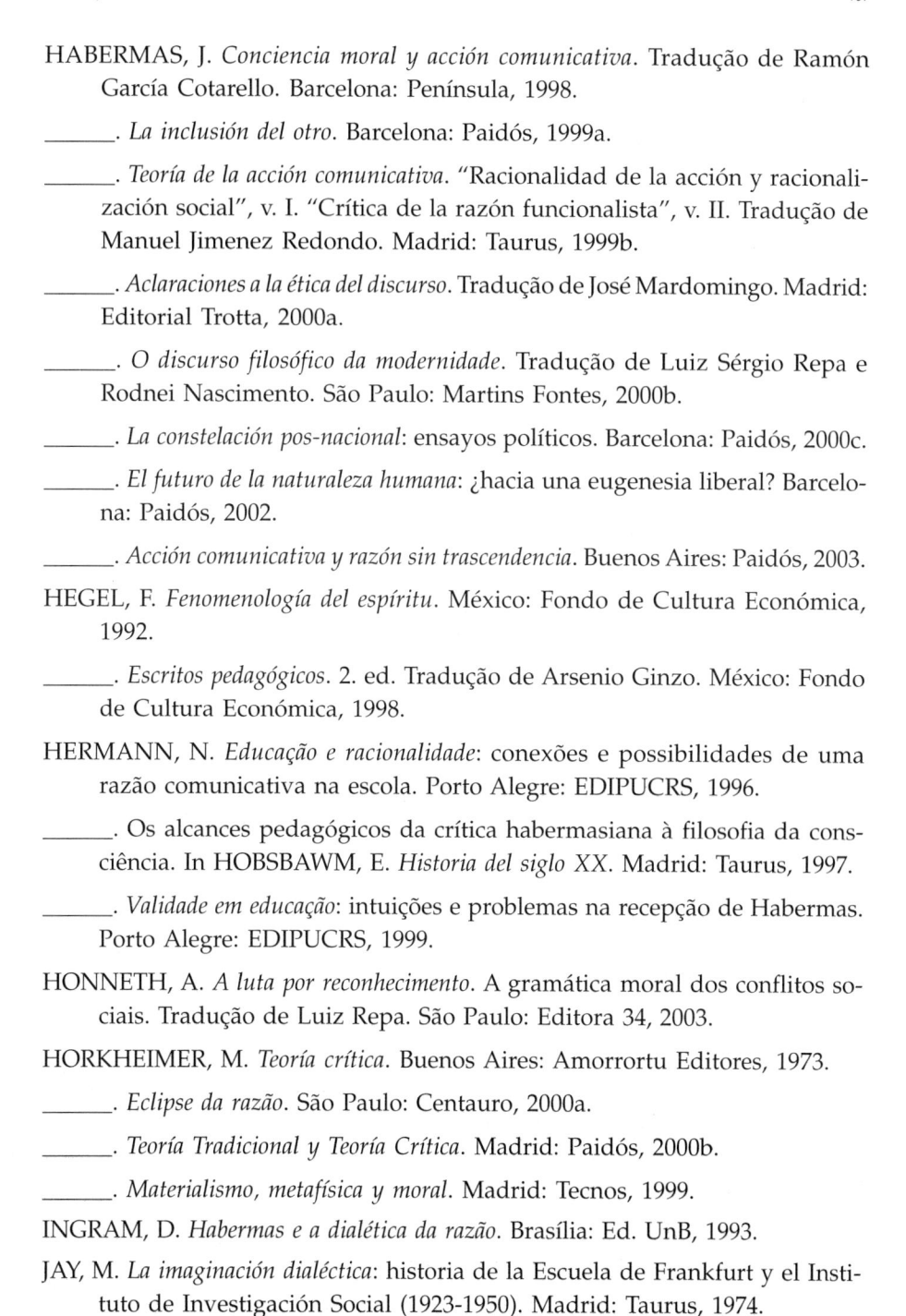

HABERMAS, J. *Conciencia moral y acción comunicativa*. Tradução de Ramón García Cotarello. Barcelona: Península, 1998.

_____. *La inclusión del otro*. Barcelona: Paidós, 1999a.

_____. *Teoría de la acción comunicativa*. "Racionalidad de la acción y racionalización social", v. I. "Crítica de la razón funcionalista", v. II. Tradução de Manuel Jimenez Redondo. Madrid: Taurus, 1999b.

_____. *Aclaraciones a la ética del discurso*. Tradução de José Mardomingo. Madrid: Editorial Trotta, 2000a.

_____. *O discurso filosófico da modernidade*. Tradução de Luiz Sérgio Repa e Rodnei Nascimento. São Paulo: Martins Fontes, 2000b.

_____. *La constelación pos-nacional*: ensayos políticos. Barcelona: Paidós, 2000c.

_____. *El futuro de la naturaleza humana*: ¿hacia una eugenesia liberal? Barcelona: Paidós, 2002.

_____. *Acción comunicativa y razón sin trascendencia*. Buenos Aires: Paidós, 2003.

HEGEL, F. *Fenomenología del espíritu*. México: Fondo de Cultura Económica, 1992.

_____. *Escritos pedagógicos*. 2. ed. Tradução de Arsenio Ginzo. México: Fondo de Cultura Económica, 1998.

HERMANN, N. *Educação e racionalidade*: conexões e possibilidades de uma razão comunicativa na escola. Porto Alegre: EDIPUCRS, 1996.

_____. Os alcances pedagógicos da crítica habermasiana à filosofia da consciência. In HOBSBAWM, E. *Historia del siglo XX*. Madrid: Taurus, 1997.

_____. *Validade em educação*: intuições e problemas na recepção de Habermas. Porto Alegre: EDIPUCRS, 1999.

HONNETH, A. *A luta por reconhecimento*. A gramática moral dos conflitos sociais. Tradução de Luiz Repa. São Paulo: Editora 34, 2003.

HORKHEIMER, M. *Teoría crítica*. Buenos Aires: Amorrortu Editores, 1973.

_____. *Eclipse da razão*. São Paulo: Centauro, 2000a.

_____. *Teoría Tradicional y Teoría Crítica*. Madrid: Paidós, 2000b.

_____. *Materialismo, metafísica y moral*. Madrid: Tecnos, 1999.

INGRAM, D. *Habermas e a dialética da razão*. Brasília: Ed. UnB, 1993.

JAY, M. *La imaginación dialéctica*: historia de la Escuela de Frankfurt y el Instituto de Investigación Social (1923-1950). Madrid: Taurus, 1974.

JAY, M. *As idéias de Adorno*. São Paulo: Universidade de São Paulo, 1988.

JIMENEZ, M. *Para ler Adorno*. Rio de Janeiro: Livraria Francisco Alves Editora, 1977.

KANT, E. *Crítica de la razón práctica*. Tradução de J. Rovira Armengol. Buenos Aires: Losada, 1973.

_____. *A paz perpétua e outros opúsculos*. Tradução de Artur Morão. Lisboa: Edições 70, 1995.

_____. *Sobre a pedagogia*. Tradução de Francisco Cock Fontanella. São Paulo: Editora Unimep, 1996.

_____. *En defensa de la ilustración*. Tradução de J. Alcoriza y A. Lastra. Barcelona: Alba Editorial, 1999a.

_____. *La contienda entre las facultades de filosofía y teología*. Tradução de R. Rodríguez Aramayo. Madrid: Editorial Trotta, 1999b.

_____. *Filosofía de la Historia*. 9. ed. Tradução de E. Ímaz. México: Fondo de Cultura Económica. 2002.

KONDER, L. *O futuro da filosofia da práxis*: o pensamento de Marx no século XXI. 2. ed. Rio de Janeiro: Paz e Terra, 1992.

KORSCH, K. *Marxismo e filosofia*. Tradução de António Sousa Ribeiro. Porto: Edições Afrontamento, 1966.

KOSELLECK, R. *Crítica e crise*: uma contribuição à patogênese do mundo burguês. Rio de Janeiro: Editora da UERJ/Contraponto, 1999.

_____. *Los estratos del tiempo*: estudios sobre la historia. Barcelona: Paidós/ Universidad Autónoma de Barcelona, 2001.

KOTHE, F. *Walter Benjamin*. Coordenação de Florestan Fernandes. São Paulo: Ática, 1991. (Grandes cientistas sociais).

MARCUSE, H. *Ensayos sobre política y cultura*. Barcelona: Planeta, 1986.

MATOS, O. *A Escola de Frankfurt: luzes e sombras do Iluminismo*. São Paulo: Moderna, 1993.

_____. *Os arcanos do inteiramente outro*: a Escola de Frankfurt — a Melancolia e a Revolução. São Paulo: Brasiliense, 1995.

McCARTY, T. *La teoría crítica de Jürgen Habermas*. Tradução de Manuel Jiménez Redondo. Madrid: Tecnos, 1987.

_____. *Ideales e ilusiones*: reconstrucción y deconstrucción en la teoría crítica contemporánea. Tradução de Angel Rivero Rodriguez. Madrid: Tecnos, 1992.

MÜHL, E. *Habermas e a educação*: ação pedagógica como agir comunicativo. Passo Fundo: UPF Editora, 2003.

NATORP, P. et al. *Teoría de la educación y sociedad*. Selección de textos Fernando Mateo. Buenos Aires: Centro Editor de América Latina, 1977.

NIETZSCHE, F. *A genealogia da moral*. São Paulo: Moraes, 1991.

NOBRE, M. Lukács e o materialismo interdisciplinar: uma leitura de Teoria Tradicional e Teoria Crítica, de Horkheimer. In: ANTUNES, R.; LEÃO REGO, W. (orgs.). *Lukács um Galileu no século XX*. São Paulo: Boitempo Editorial, 1996.

_____. *Dialética negativa de Theodor Adorno*: a ontologia do Estado falso. São Paulo: Iluminuras, 1998.

_____. *Lukács e os limites da reificação*: um estudo sobre história e consciências de classe. São Paulo: Editora 34, 2001.

PIZZI, J. *Ética do discurso*: a racionalidade ético-comunicativa. Porto Alegre: EDIPUCRS, 1994.

PUCCI, B. (org.). *Teoria crítica e educação*: a questão da formação cultural na Escola de Frankfurt. Petrópolis: Vozes, 1995.

RODRIGUES, J. (org.). *Durkheim*. Coordenação de Florestan Fernandes. São Paulo: Ática. 2002. (Grandes cientistas sociais).

ROHDEN, V. (org.). *200 anos da Crítica da Faculdade do Juízo de Kant*. Porto Alegre: UFRGS, 1992.

RORTY, R. *A filosofia e o espelho da natureza*. Lisboa: Dom Quixote, 1988.

_____. Habermas y Lyotard acerca de la posmodernidad. In: _____. *Ensayos sobre Heidegger y otros pensadores contemporáneos*. Barcelona: Paidós, 1993.

_____. *¿Esperanza o conocimiento?* Una introducción al pragmatismo. Buenos Aires: Fondo de Cultura Económica, 1997.

ROUSSEAU, J. *Emilio y otras páginas*. (selección) Buenos Aires: Centro Editor de América Latina, 1982.

_____. *Discours sur l'origine et les fondements de l'inegalité parmi les hommes*. Paris: Le Livre de Poche, 1992.

ROUANET, S. P. *Mal-estar na modernidade*. São Paulo: Companhia das Letras, 1993.

_____. *As razões do Iluminismo*. São Paulo: Companhia das Letras, 1999.

SANFELICE, J. L. Pós-modernidade, globalização e educação. In LOMBARDI, J. C. (org.). *Globalização, pós-modernidade e educação*. Campinas: Editora Autores Associados, 2001.

SCHMIED-KOWARZIK, W. Filosofia prática e pedagogia. *Espaço Pedagógico*. Passo Fundo: UPF, v. 10, n. 1, jan./jun. 2003.

SEVILLA, S. *Crítica, historia y política*. Madrid: Frónesis Universitat de Valencia, 2000.

SIDEKUM, A. (Org.). *Ética do discurso e filosofía da libertação*: modelos complementares. São Leopoldo: Unisinos, 1994.

SIEBENEICHLER, F. *Jürgen Habermas*: Razão comunicativa e emancipação. Rio de Janeiro: Tempo Brasileiro. 1989b.

_____. Encontros e desencontros no caminho da Interdisciplinaridade: G. Gusdorf e J. Habermas. In HABERMAS, J. et al. *Jürgen Habermas: 60 anos*. Rio de Janeiro: Tempo Brasileiro, 1989.

SILVA, D. J. da. *Ética e educação para a sensibilidade em Max Horkheimer*. Ijuí: Unijuí, 2001.

SOARES ZUIN, A. *Indústria cultural e educação*: o novo canto da seréia. Campinas: Editora Autores Associados, 1999.

SOARES ZUIN, A.; PUCCI, B.; RAMOS DE OLIVEIRA, N. *Adorno*: o poder educativo do pensamento crítico. Petrópolis: Vozes, 2000.

SPENCER, H. *Educación intelectual, moral y física*. Buenos Aires: Prometeo, 1933.

STIELTJES, C. *Jürgen Habermas*: a desconstrução de uma teoria. São Paulo: Germinal, 2001.

TAMARIT, J. *Educar al soberano*: crítica al Iluminismo pedagógico de ayer y de hoy. Buenos Aires: Miño y Dávila Editores, 1994.

TERRA, R. Une eschatologie pour la morale. *Manuscrito*, v. 2, n. 2, abr. 1979.

_____. *A política tensa*: idéia e realidade na filosofia da história de Kant. São Paulo: Iluminuras, 1995.

_____. Notas sobre sistema e modernidade — Kant e Habermas. In *Filosofia política*. Porto Alegre: L&PM Editores, 1999, v. 4.

THIELEN, H. *Além da modernidade?* para a globalização de uma esperança conscientizada. Petrópolis: Vozes, 1998.

VICENTI, L. *Educação e liberdade*: Kant e Fichte. Tradução de Élcio Fernandes. São Paulo: Editora Unesp, 1994.

WEBER, M. *La ética protestante y el espíritu del capitalismo*. Tradução de Luis Legaz Lacambra. Barcelona: Península, 1993.

WELLMER, A. *Ética y diálogo*: elementos del juicio moral en Kant y en la ética del discurso. México: Anthropos, 1994.

WELLMER, A. *Sobre la dialéctica de modernidad y postmodernidad*. La crítica de la razón después de Adorno. Madrid: Visor, 1993.

_____. *Finales de partida*: la modernidad irreconciliable. Madrid: Frónesis Cátedra Universitat de Valencia, 1996.

_____ e GOMEZ, V. *Teoría crítica y estética*: dos interpretaciones de Th. W. Adorno. Valencia: Universitat de Valencia, 1994.

WHITE, S. *Razão, justiça e modernidade*: a obra recente de Jürgen Habermas. São Paulo: Ícone Editora, 1995.

WIGGERSHAUS, R. *A Escola de Frankfurt*: história, desenvolvimento teórico, significação política. Rio de Janeiro: Difel, 2002.

LEIA TAMBÉM

A IMPORTÂNCIA DO ATO DE LER

Em três artigos que se completam

48ª edição (2006)

Paulo Freire

88 páginas

ISBN 978-85-249-0308-3

Em sociedade que exclui quase dois terços de sua população e que impõe ainda profundas injustiças à grande parte do terço para a qual funciona, é urgente que a questão da leitura e da escrita seja vista enfaticamente sob o ângulo da luta política a que a compreensão científica do problema traz sua colaboração.

No início do século XXI, o Brasil ostenta índices de analfabetismos, índices dos que e das que, mal alfabetizadas, estão igualmente proibidos de ler e de escrever, um número alarmante de crianças interditadas de ter escolarização.

EDUCAÇÃO E MAIORIDADE

Dimensões da racionalidade pedagógica

Claudio Almir Dalbosco

Hans-Georg Flickinger (Org.)

Co-edição Editora da Universidade de Passo Fundo - UPF

400 páginas

ISBN 978-85-751-5338-3

LEIA TAMBÉM

Resultado de diversas ações de intercâmbio internacional entre filósofos e pedagogos do Brasil e da Alemanha, os diversos ensaios reunidos neste livro procuram mostrar, através do diálogo entre filosofia e pedagogia, o sentido subjacente à aparente afirmação trivial de que não se conquista maioridade sem educação.

Uma convicção que parece perpassar todos os ensaios repousa na idéia de que tanto uma crítica aos modismos que impregnam os meios pedagógicos como uma reatualização do debate sobre a relação entre educação e maioridade são profundamente dependentes de um permanente diálogo entre filosofia e pedagogia.

CORTEZ EDITORA

ENSAIOS FRANKFURTIANOS

1ª edição (2004)

Antônio A. S. Zuin • Bruno Pucci • Newton Ramos-de-Oliveira

(Organizadores)

208 páginas

ISBN 978-85-249-1055-5

No início deste século XXI, em que a sociedade administrada converte-se em um complexo globalizado, os pensadores da Teoria Crítica tornam-se, cada vez mais, pontos de convergência de todos que lutam por uma humanidade melhor. Este mundo cada vez mais complexo exige o esforço conjugado de muitas mãos e muitas mentes. Atrai necessariamente especialistas de campo diversos, mas que são capazes de conjugar seus esforços numa direção segura. A interdisciplinaridade real acontece e abrange grupos de estudos de situações institucionais também diversas.

Neste livro, temos filósofos, psicólogos, educadores que, a partir de seus loci disciplinares, ampliam seus interesses pelas demais áreas de conhecimento. Não se trata, no entanto, de uma reiteração exaustiva. Não são exatamente temas que são exaltados, mas o tipo de pensamento que foi capaz de levantar tais temáticas e que sempre abre novos campos de descoberta a um exercício do pensamento, de uma práxis teórica, de uma índole de pesquisa, de um impulso que nasce da seriedade intelectual.